30일 만에 끝내기

매일매일 한 Unit씩 색칠해서 나만의 사과를 만들어 보세요.

월

일

_____의
진도표

Unit 01
Unit 02
Unit 03
Unit 04
Unit 05
Unit 06
Unit 07
Unit 08
Unit 09
Unit 10
Unit 11
Unit 12
Unit 13
Unit 14
Unit 15
Unit 16
Unit 17
Unit 18
Unit 19
Unit 20
Unit 21
Unit 22
Unit 23
Unit 24
Unit 25
Unit 26
Unit 27
Unit 28
Unit 29
Unit 30

내가
먹어야지~

초등영어 읽고 쓰기를 위한 만반의 준비

초등
3~4학년
교과서 단어

차곡차곡
영단어 매일 쓰기

사람in
saram
in.com

차곡차곡 영단어 매일 쓰기 초등 3~4학년

저자 | AST Jr. English Lab
초판 1쇄 발행 | 2014년 12월 1일
초판 8쇄 발행 | 2021년 10월 20일

발행인 | 박효상
편집장 | 김현
기획 · 편집 | 김설아, 하나래
디자인 | 이연진
삽화 | 양소이
마케팅 | 이태호, 이전희
관리 | 김태욱

종이 | 월드페이퍼
인쇄 · 제본 | 예림인쇄 · 바인딩

출판등록 | 제10-1835호
발행처 | 사람in
주소 | 04034 서울시 마포구 양화로11길 14-10(서교동) 3F
전화 | 02) 338-3555(代) 팩스 | 02) 338-3545
E-mail | saramin@netsgo.com
Website | www.saramin.com

:: 책값은 뒤표지에 있습니다.
:: 파본은 바꾸어 드립니다.

ISBN 978-89-6049-430-5 13740
      978-89-6049-429-9 (set)

우아한 지적만보, 기민한 실사구시 **사람in**

영어는 언어다

영어는 너무 어렵다고요? 모든 언어와 마찬가지로 영어도 의사소통을 위한 수단입니다. 이런 영어의 본질에 대한 목소리가 높아지면서 영어를 언어로 사용하기 위한 학습이 주목받고 있습니다.

단어만 알아도 의미는 안다

어떻게 공부시켜야 영어로 말할까요? 말을 한다는 것은 문장을 만들어 내는 일이고, 문장은 문장의 구조를 알아야 만들 수 있습니다. 그러나 문장의 구조란 단어를 모아 알맞게 배열하는 것뿐이기에 문장에서 의미를 직접 전달하는 것은 결국, 단어입니다. 영어를 잘하려면 풍부한 어휘력이 단단히 받쳐 줘야 가능한 것이죠.

인지심리학에서는 하루 동안 외운 것의 60% 이상을 다음날 잊어버리고, 90%를 일주일 후 잊어버린다고 합니다. 열심히 외우지만 금방 잊고 맙니다. 평생 사용할 영단어라면 장기기억으로 남게 가르쳐야 합니다.

스스로 연상해야 한다

일정기간 꾸준히 반복해야 뇌는 계속 사용하는 것으로 인지하고 장기기억으로 저장합니다. 암기만 계속 시키면 되겠다고요? 기계적으로 외운 영단어는 그 자체의 의미를 익히지 못해 읽을 때마다 한국어 뜻으로 변환하는 번거로움이 따릅니다. 말로 할때는 시간이 더 걸리겠지요.

아이에게 한글을 가르칠 때 단어에 대한 이야기를 해주고 설명도 했던 것 기억하세요? 영단어도 그렇게 스토리텔링해 보세요. 아이 스스로 영단어의 의미에 대한 이미지를 키우고 연상하며 알아가도록 해야 합니다. 이야기로 의미를 파악한 단어는 자연스럽게 떠오르고 장기기억으로 남는 법이니까요.

단어를 통해 생각을 확장하는 아이로

'언어는 세계를 열어가는 통로이며, 인식수단'이라는 철학자 훔볼트의 말처럼 「차곡차곡 영단어 매일 쓰기」는 영단어가 우리 아이의 생각을 확장하는 도구가 되길 바랍니다. 영어를 지루한 공부로 보게 하지 말고, 우리 아이가 영어를 통해 새로운 세상을 열수 있게 차근차근 시작해 봅시다!

이 책은 이렇게 활용하세요!

STEP 1. 원어민 발음으로 단어 듣고 따라하기

QR코드로 원어민 음성이 담긴 오디오를
쉽게 재생할 수 있어요.
원어민 발음을 잘 듣고 따라해 보세요.

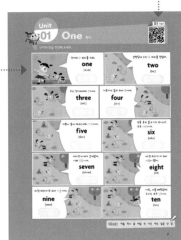

STEP 2. 스토리텔링 문장과 이미지로 단어 뜻 알아보기

스토리텔링 문장과 이미지를 보고 테마별로 선정된 영단어의 의
미를 자연스럽게 추측할 수 있어요. 스스로 뜻을 연상하고 완성
하는 활동을 통해 영단어를 감각적으로 익혀요.
Hint!에서 알맞은 뜻을 찾아 빈칸을 채우세요.

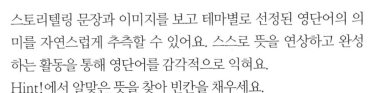

STEP 3. 영단어를 쓰면서 머리에 새기기

오디오를 따라 크게 단어를 읽으며 삼선에 맞춰 또박또박 써요.
철자 하나만 바뀌어도 다른 단어가 되니 한 글자 한 글자 정확
히 써야 해요. **B.E**는 영국식 영단어를, **e.g.**는 예를 말해요. 괄
호 안의 관련 단어도 함께 배워요.
확실하게 이해한 단어는 표시를 하고 나머지 단어들은 다시
읽어 보세요.

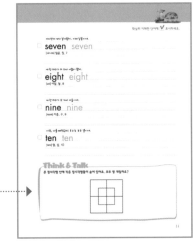

STEP 4. 테마별 창의활동으로 사고력 키우기

학습한 단어를 활용할 수 있어요. 정답을 맞히는 것도
좋지만 이야기를 표현해보는 것이 중요해요.
창의력을 한껏 발휘해 보세요.

STEP 5. 학습한 단어 확인하기

각 Unit에서 학습한 단어를 그때그때 복습할 수 있어요.

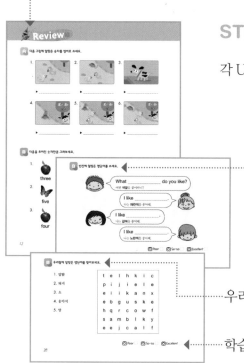

초등 교과과정에서 다루는 의사소통 문장들이에요.
배운 단어를 활용해 완성하세요.

우리말 뜻에 알맞은 영단어를 글자판에서 찾아보세요.

학습이 끝난 후에는 스스로 성취도를 판단해 보세요.

STEP 6. 실력 확인하기

각 Unit을 학습한 후 실력을 확인할 수 있는 Mini Test를 www.
saramin.com 자료실에서 다운 받을 수 있어요. 원어민 선생님이
불러 주는 받아쓰기, 영단어와 우리말 맞추기를 하며 얼마나 완벽
하게 이해했는지 확인해 보세요.

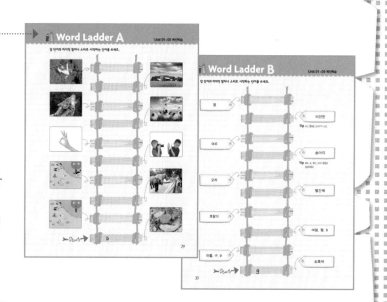

STEP 7. 학습한 단어 다시보기

5개 유닛이 끝날 때마다 누적된 단어를
확인학습할 수 있어요.
아래에서부터 사다리를 타고 올라가며
재미있게 단어를 완성해 보세요.

목차

워크시트(Mini Test, Crossword), 정답 및 mp3 파일을
www.saramin.com 자료실에서 다운로드 받으실 수 있습니다.

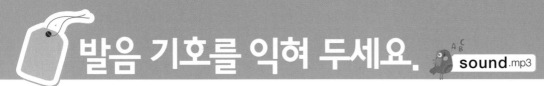
영단어는 한 알파벳이 여러 음을 가지고 있고, 또 단어마다 강세도 달라 주의해서 읽어야 해요. 발음 기호를 익혀 두면 낯선 단어도 바르게 읽을 수 있답니다. 영단어를 정확히 발음하기 위해 녹음을 여러 번 듣고 따라하세요.

모음

기호	단어
i	see[siː]
ɪ	sit[sɪt]
ɛ/e	ten[tɛn]
æ	cat[kæt]
ɑ	hot[hɑt]
ɔ	saw[sɔ]
ʊ	put[pʊt]
u	too[tuː]
ʌ	cup[kʌp]
ə/ɜ	about[əbaʊt]
eɪ	say[seɪ]
aɪ	five[faɪv]
ɔɪ	boy[bɔɪ]
aʊ	now[naʊ]
oʊ	go[goʊ]
ər	bird[bərd]
ɪr	near[nɪr]
ɛr	hair[hɛr]
ar	car[kar]
ɔr	north[nɔrθ]
ʊr	tour[tʊr]

자음

기호	단어
p	pot[pɑt]
b	bad[bæd]
t	tea[tiː]
d	did[dɪd]
k	cat[kæt]
g	got[gɑt]
ʧ	chin[ʧɪn]
ʤ	June[ʤun]
f	fall[fɔl]
v	voice[vɔɪs]
θ	thin[θɪn]
ð	then[ðɛn]
s	so[soʊ]
z	zoo[zu]
ʃ	she[ʃi]
ʒ	vision[vɪʒn]
h	how[haʊ]
m	man[mæn]
n	no[noʊ]
ŋ	sing[sɪŋ]
l	leg[lɛg]
r	red[rɛd]
y	yes[yɛs]
w	wet[wɛt]

01.mp3

단어의 뜻을 연상해 보세요.

강아지 한 마리를 키워.
one
[wʌn]

산책길에 오리 두 마리를 만났어.
two
[tu:]

우리 강아지까지 셋이야.
three
[θri:]

거북이가 놀러 와서 넷이야.
four
[fɔːr]

거북이 등에 개구리까지 다섯이야.
five
[faɪv]

연못 속의 물고기가 보이니?
모두 여섯이야.
six
[sɪks]

어디선가 새가 날아왔어.
이제 일곱이야.
seven
[sévən]

새 한 마리가 더 와서
여덟이 됐어.
eight
[eɪt]

새 한 마리가 또 와서 아홉이야.
nine
[naɪn]

이런, 나를 빼먹었네!
우리는 모두 열이야.
ten
[ten]

Hint! 아홉 하나 둘 여덟 셋 다섯 여섯 일곱 넷 열

9

✏️ 다음을 듣고, 크게 따라 읽으며 써 보세요.

강아지 한 마리를 키워.

☐ **one** one

[wʌn] 하나, 일, 1

산책길에 오리 두 마리를 만났어.

☐ **two** two

[tuː] 둘, 이, 2

우리 강아지까지 셋이야.

☐ **three** three

[θriː] 셋, 삼, 3

거북이가 놀러 와서 넷이야.

☐ **four** four

[fɔːr] 넷, 사, 4

거북이 등에 개구리까지 다섯이야.

☐ **five** five

[faɪv] 다섯, 오, 5

연못 속의 물고기가 보이니? 모두 여섯이야.

☐ **six** six

[sɪks] 여섯, 육, 6

어디선가 새가 날아왔어. 이제 일곱이야.

☐ **seven** seven

[sévən] 일곱, 칠, 7

새 한 마리가 더 와서 여덟이 됐어.

☐ **eight** eight

[eɪt] 여덟, 팔, 8

새 한 마리가 또 와서 아홉이야.

☐ **nine** nine

[naɪn] 아홉, 구, 9

이런, 나를 빼먹었네! 우리는 모두 열이야.

☐ **ten** ten

[ten] 열, 십, 10

Think & Talk

큰 정사각형 안에 작은 정사각형들이 숨어 있어요. 모두 몇 개일까요?

Review

A 다음 그림에 알맞은 숫자를 영어로 쓰세요.

1.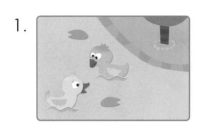

▶ _____

2.

▶ _____

3.

▶ _____

4.

▶ _____

5.

▶ _____

6.

▶ _____

B 다음을 주어진 숫자만큼 그려보세요.

1.

three

2.

five

3.

four two

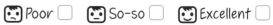

Unit 02

Hello 안녕

단어의 뜻을 연상해 보세요.

잘가. 학교에서 재미있게 보내!

bye
[baɪ]

친구들아, 안녕. 만나서 반가워.

hello
[helóu]

아니. 사진 찍지 마.

no
[nou]

네. 제가 도와드릴게요.

yes
[jes]

제발, 소금 좀 주세요.

please
[pli:z]

그래. 여기 있어.

sure
[ʃuər]

괜찮아요. 아빠와 함께해서 좋아요.

okay
[òukéɪ]

아빠가 늦어서 미안해.

sorry
[sári]

내 생일파티에 어서 와.

welcome
[wélkəm]

우와! 선물 고마워.

thank
[θæŋk]

Hint!
어서 와 잘 가 그래 아니 괜찮은 제발 네 감사하다 미안한 안녕

13

🖉 다음을 듣고, 크게 따라 읽으며 써 보세요.

잘 가. 학교에서 재미있게 보내!

☐ **bye** bye

[baɪ] 잘 가

친구들아, 안녕. 만나서 반가워.

☐ **hello** hello

[helóu] 안녕 (hi)

네. 제가 도와드릴게요.

☐ **yes** yes

[jes] 응

아니. 사진 찍지 마.

☐ **no** no

[nou] 아니, 싫어

제발, 소금 좀 주세요.

☐ **please** please

[pli:z] 제발

그래. 여기 있어.

☐ **sure** sure

[ʃuər] 그래

확실히 이해한 단어에 ✔ 표시하세요.

아빠가 늦어서 미안해.

☐ **sorry** sorry

[sári] 미안한

괜찮아요. 아빠와 함께해서 좋아요.

☐ **okay** okay

[òukéɪ] 괜찮은, 알았어 (OK)

내 생일파티에 어서 와.

☐ **welcome** welcome

[wélkəm] 어서 와

우와! 선물 고마워.

☐ **thank** thank

[θæŋk] 감사하다

Think & Talk

말풍선과 어울리는 표정은 무엇일까요?

Sorry.

Thank you!

Review

A 사진에 알맞은 단어를 연결하세요.

1. 　2. 　3. 　4. 　5.

bye　　　no　　　thank　　　sorry　　　please

B 빈칸에 알맞은 영단어를 쓰세요.

_____. Mina.
안녕, 미나야.

_____ to my party.
내 파티에 **어서 와**.

_____ you for the present.
선물 **고마워**.

Tip 문장은 항상 대문자로 시작해요.

 Poor ☐　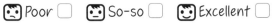 So-so ☐　😃 Excellent ☐

단어의 뜻을 연상해 보세요.

무슨 색깔을 가장 좋아하니?

color
[kʌ́lər]

나는 분홍색이 좋아. 딸기 맛이거든!

pink
[pɪŋk]

토끼는 겨울만 되면 회색이 돼.

gray
[gréɪ]

벌들은 노란색을 좋아하나 봐.

yellow
[jélou]

도마뱀은 갈색 돌 같아.

brown
[braʊn]

카멜레온은 초록색 잎이 됐어.

green
[griːn]

얼룩말의 흰색과 검은색 줄무늬는 어지러워.

white
[waɪt]

black
[blæk]

소방차는 너무 급해서 빨간색인가?

red
[red]

부비 새는 추운가 봐. 발이 파래!

blue
[bluː]

Hint!

검은색	파란색	갈색	색깔	회색
초록색	분홍색	빨간색	노란색	흰색

✏️ 다음을 듣고, 크게 따라 읽으며 써 보세요.

무슨 색깔을 가장 좋아하니?

☐ **color** color

[kʌ́lər] 색깔 (B.E colour)

나는 분홍색이 좋아. 딸기 맛이거든!

☐ **pink** pink

[pɪŋk] 분홍색

벌들은 노란색을 좋아하나 봐.

☐ **yellow** yellow

[jélou] 노란색

토끼는 겨울만 되면 회색이 돼.

☐ **gray** gray

[gréɪ] 회색 (B.E grey)

도마뱀은 갈색 돌 같아.

☐ **brown** brown

[braʊn] 갈색

카멜레온은 초록색 잎이 됐어.

☐ **green** green

[griːn] 초록색

얼룩말의 흰색과 검은색 줄무늬는 어지러워.

☐ **white** white

[waɪt] 흰색

얼룩말의 흰색과 검은색 줄무늬는 어지러워.

☐ **black** black

[blæk] 검은색

부비 새는 추운가 봐. 발이 파래!

☐ **blue** blue

[blu:] 파란색

소방차는 너무 급해서 빨간색인가?

☐ **red** red

[red] 빨간색

Think & Talk

아래 뱀은 무슨 색일까요?

A = red   **B** = yellow   **C** = blue

C   B   A   B   C   A   C   A   B   C   B   A

Review

A 사진을 보고, 단어를 올바로 쓰세요.

1. coolr
   ▶ _____

2. rgya
   ▶ _____

3. owyell
   ▶ _____

4. rde
   ▶ _____

5. rgnee
   ▶ _____

6. brnow
   ▶ _____

B 빈칸에 알맞은 영단어를 쓰세요.

What _____ do you like?
어떤 **색깔**을 좋아하니?

I like _____.
나는 **파란색**을 좋아해.

I like _____.
나는 **갈색**을 좋아해.

I like _____.
나는 **노란색**을 좋아해.

04.mp3

단어의 뜻을 연상해 보세요.

돌고래는 점프를 아주 잘해.

dolphin
[dálfɪn]

곰은 나무를 잘 타.

bear
[bɛər]

기린은 긴 목으로 싸워.

giraffe
[dʒəréf]

코끼리는 코가 손이래.

elephant
[élɪfənt]

늑대는 울음으로 친구들을 불러.

wolf
[wʊlf]

사막에 사는 여우는 굴을 잘 파.

fox
[fɑks]

원숭이는 매달리기를 잘해.

monkey
[mʌ́ŋkɪ]

얼룩말의 바탕색은 검정일까? 흰색일까?

zebra
[zi:brə]

호랑이는 홀로 있기를 좋아해.

tiger
[táɪgər]

사자가 으르렁거리면 8km 밖까지 들려.

lion
[láɪən]

Hint!
호랑이 돌고래 곰 기린 여우 원숭이 늑대 얼룩말 사자 코끼리

✏️ 다음을 듣고, 크게 따라 읽으며 써 보세요.

돌고래는 점프를 아주 잘해.

☐ **dolphin** dolphin

[dálfin] 돌고래

곰은 나무를 잘 타.

☐ **bear** bear

[bɛər] 곰

코끼리는 코가 손이래.

☐ **elephant** elephant

[élɪfənt] 코끼리

기린은 긴 목으로 싸워.

☐ **giraffe** giraffe

[dʒərǽf] 기린

늑대는 울음으로 친구들을 불러.

☐ **wolf** wolf

[wʊlf] 늑대

사막에 사는 여우는 굴을 잘 파.

☐ **fox** fox

[faks] 여우

원숭이는 매달리기를 잘해.

☐ **monkey** ~~monkey~~

[mʌ́ŋkɪ] 원숭이

얼룩말의 바탕색은 검정일까? 흰색일까?

☐ **zebra** ~~zebra~~

[ziːbrə] 얼룩말

사자가 으르렁거리면 8km 밖까지 들려.

☐ **lion** ~~lion~~

[láɪən] 사자

호랑이는 홀로 있기를 좋아해.

☐ **tiger** ~~tiger~~

[táɪɡər] 호랑이

Think & Talk

다음은 어떤 동물의 그림자일까요?

23

A 사진에 알맞은 단어를 찾아 연결하세요.

1.  2.  3.  4.  5.

bear   elephant   wolf   fox   monkey

B 우리말에 알맞은 영단어를 쓰세요.

오늘 동물원에서 **여우**와 **호랑이**를 처음 봤어.

_____   _____

코끼리는 바나나를 코로 받았어.

_____

목이 긴 **기린**은 멀리서도 보였어.

_____

꾀돌이 **돌고래**와 악수도 했어.

_____

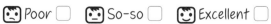

단어의 뜻을 연상해 보세요.

우리 아빠는 농장에서 가축들을 키우셔.

farm
[fɑrm]

말을 타고 한 바퀴 돌아볼까?

horse
[hɔrs]

노란 병아리는 Peep Peep! 하루 종일 어미 닭을 따라다녀.

chick
[ʧɪk]

hen
[hɛn]

Oink Oink~ 돼지는 늘 먹이를 찾아다녀.

pig
[pɪg]

뒤뚱뒤뚱 오리는 입수 준비 Quack Quack~

duck
[dʌk]

다정한 어미 양과 새끼 양이 동시에 Baaah~

sheep
[ʃiːp]

lamb
[læm]

아, 송아지를 찾는 거였구나.

calf
[kæf]

Moo~ 젖소가 누구를 부르는 걸까?

cow
[kaʊ]

Hint!

암탉	새끼 양	농장	젖소	말
돼지	송아지	오리	병아리	양

25

✏️ 다음을 듣고, 크게 따라 읽으며 써 보세요.

우리 아빠는 농장에서 가축들을 키우셔.

☐ **farm** farm

[farm] 농장

말을 타고 한 바퀴 돌아볼까?

☐ **horse** horse

[hɔrs] 말 (조랑말 pony)

노란 병아리는 Peep Peep!

☐ **chick** chick

[ʧɪk] 병아리 (닭 chicken)

하루 종일 어미 닭을 따라다녀.

☐ **hen** hen

[hɛn] 암탉 (수탉 cock, rooster)

Oink Oink~ 돼지는 늘 먹이를 찾아다녀.

☐ **pig** pig

[pɪg] 돼지 (새끼 돼지 piglet)

뒤뚱뒤뚱 오리는 입수 준비 Quack Quack~

☐ **duck** duck

[dʌk] 오리 (새끼 오리 duckling)

확실히 이해한 단어에 ☑ 표시하세요.

☐ 다정한 어미 양과 새끼 양이 동시에 Baaah~

sheep sheep
[ʃiːp] 양

☐ 다정한 어미 양과 새끼 양이 동시에 Baaah~

lamb lamb
[læm] 새끼 양

☐ Moo~ 젖소가 누구를 부르는 걸까?

cow cow
[kaʊ] 젖소

☐ 아, 송아지를 찾는 거였구나.

calf calf
[kæf] 송아지

Think & Talk

다음 동물의 어미는 누구일까요?

I'm a tadpole.

I'm a caterpillar.

Review

A 알파벳을 연결하고 단어를 써 보세요.

1. hor● ●ck ▶ _____

2. du● ●se ▶ _____

3. fa● ●rm ▶ _____

4. chi● ●mb ▶ _____

5. la● ●ck ▶ _____

B 우리말에 알맞은 영단어를 찾아보세요.

1. 암탉

2. 돼지

3. 소

4. 송아지

5. 양

t	e	l	h	k	i	c
p	i	j	i	e	l	e
e	i	i	k	a	n	x
e	b	g	u	s	k	e
h	q	r	c	o	w	f
s	a	m	b	l	k	y
e	e	j	c	a	l	f

 Poor ☐　 So-so ☐　 Excellent ☐

Word Ladder A

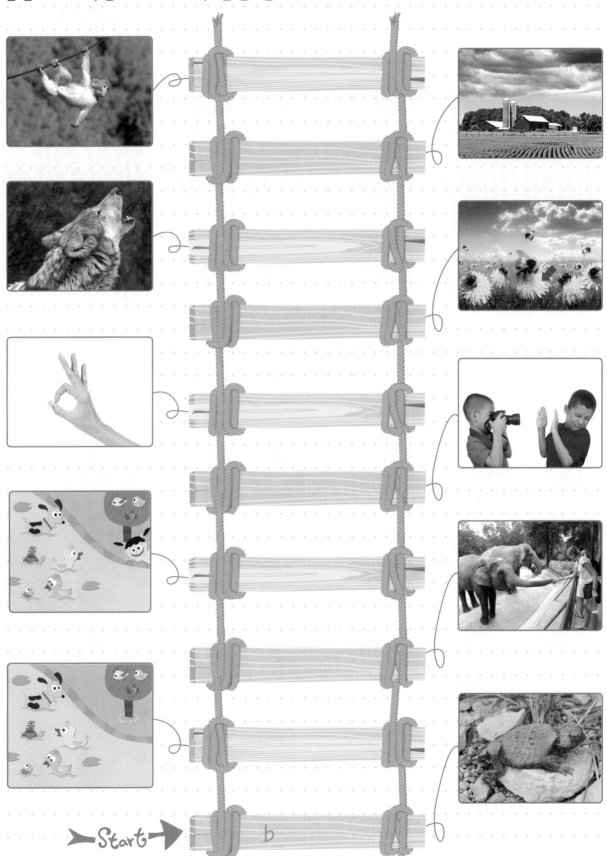

Word Ladder A

앞 단어의 마지막 철자나 소리로 시작하는 단어를 쓰세요.

Start → b

앞 단어의 마지막 철자나 소리로 시작하는 단어를 쓰세요.

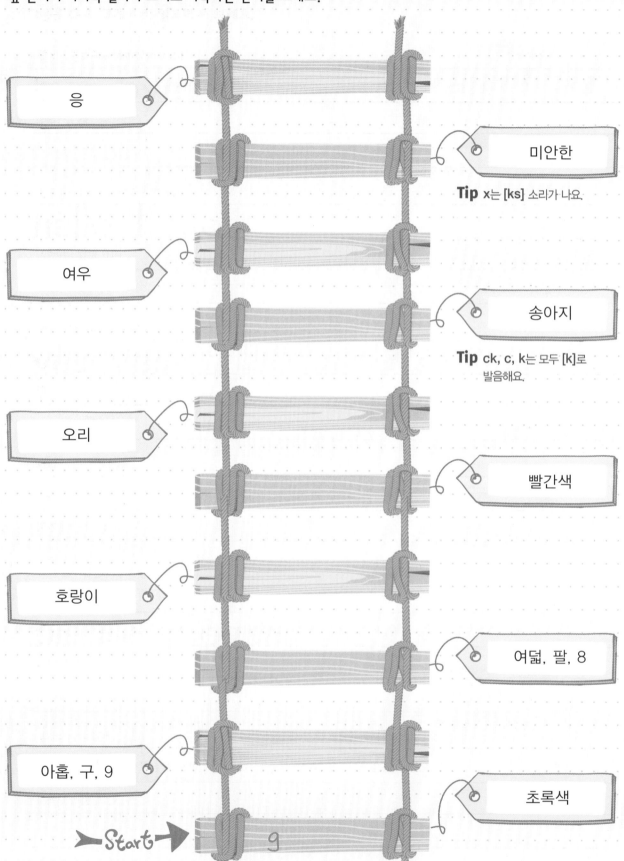

응

미안한

Tip x는 [ks] 소리가 나요.

여우

송아지

Tip ck, c, k는 모두 [k]로
발음해요.

오리

빨간색

호랑이

여덟, 팔, 8

아홉, 구, 9

초록색

Start

9

단어의 뜻을 연상해 보세요.

실뭉치의 크기가 모두 달라.

size
[saɪz]

긴 머리카락은 자주 빗어야해.

long
[lɔːŋ]

목이 짧은 기린은 잎을 잘 먹을 수 없어.

short
[ʃɔːrt]

키가 큰 기린이 나뭇잎을 더 많이 먹어.

tall
[tɔːl]

내 큰 덩치가 무섭지?

big
[bɪg]

작은 고추가 더 맵다고!

small
[smɔːl]

시소를 타면 무거운 오빠는 내려가고 가벼운 동생은 올라가.

heavy
[hévɪ]

light
[laɪt]

사과를 반으로 나눠 먹자.

half
[hæf]

우리 모두 사과가 있어.

all
[ɔːl]

Hint!

| 반 | 짧은 | 크기 | 키가 큰 | 긴 |
| 작은 | 모두 | 무거운 | 가벼운 | 큰 |

✏️ 다음을 듣고, 크게 따라 읽으며 써 보세요.

실뭉치의 크기가 모두 달라.

☐ **size** size

[saɪz] 크기

긴 머리카락은 자주 빗어야 해.

☐ **long** long

[lɔːŋ] 긴

목이 짧은 기린은 잎을 잘 먹을 수 없어.

☐ **short** short

[ʃɔːrt] 짧은, (키가) 작은

키가 큰 기린이 나뭇잎을 더 많이 먹어.

☐ **tall** tall

[tɔːl] 키가 큰

내 큰 덩치가 무섭지?

☐ **big** big

[bɪg] 큰

작은 고추가 더 맵다고!

☐ **small** small

[smɔːl] 작은

확실히 이해한 단어에 ☑ 표시하세요.

시소를 타면 무거운 오빠는 내려가.

☐ **heavy** heavy

[hévɪ] 무거운

시소를 타면 가벼운 동생은 올라가.

☐ **light** light

[laɪt] 가벼운

우리 모두 사과가 있어.

☐ **all** all

[ɔːl] 모두, 전체의

사과를 반으로 나눠 먹자.

☐ **half** half

[hæf] 반

Think & Talk

내가 가진 물건으로 표를 채워 볼까요?

big	small	heavy	light

Review

A 사진을 보고, 단어를 올바로 쓰세요.

1.

isez

▶ _____

2.

llat

▶ _____

3.

olng

▶ _____

4.

lfha

▶ _____

5.

lal

▶ _____

6.

hvyea

▶ _____

B 다음 기호에 해당하는 단어에 동그라미 하세요.

↔ 반대말   ≒ 비슷한 말

1. big   ↔ | small | tall |

2. heavy   ↔ | big | light |

3. long   ≒ | tall | size |

단어의 뜻을 연상해 보세요.

아빠는 우리 가족의 든든한 울타리야.

dad
[dæd]

아빠는 할아버지를 아버지라고 부르셔.

father
[fáːðər]

엄마는 최고의 요리사야.

mom
[mɑm]

아빠는 할머니를 어머니라고 부르셔.

mother
[mʌðəːr]

너는 사랑스러운 내 아들이야.

son
[sʌn]

너는 사랑스러운 내 딸이야.

daughter
[dɔ́ːtər]

우리 오빠는 장난 꾸러기야.

brother
[brʌ́ðər]

내 여동생은 고집쟁이야.

sister
[sístəːr]

언제나 함께하는 우리는 가족이야.

family
[fǽməlɪ]

우리 가족은 서로 사랑해.

love
[lʌv]

Hint!
여동생 아빠 어머니 아들 딸 오빠 사랑하다 엄마 아버지 가족

✏️ 다음을 듣고, 크게 따라 읽으며 써 보세요.

아빠는 우리 가족의 든든한 울타리야.

☐ **dad** dad

[dæd] 아빠 (daddy)

아빠는 할아버지를 아버지라고 부르셔.

☐ **father** father

[fá:ðər] 아버지

아빠는 할머니를 어머니라고 부르셔.

☐ **mother** mother

[mʌ́ðəːr] 어머니

엄마는 최고의 요리사야.

☐ **mom** mom

[mɑm] 엄마 (mommy)

너는 사랑스러운 내 아들이야.

☐ **son** son

[sʌn] 아들

너는 사랑스러운 내 딸이야.

☐ **daughter** daughter

[dɔ́:tər] 딸

확실히 이해한 단어에 ✔ 표시하세요.

우리 오빠는 장난 꾸러기야.

☐ **brother** brother

[brʌ́ðər] 남자 형제; 오빠, 형, 남동생

내 여동생은 고집쟁이야.

☐ **sister** sister

[sístə:r] 여자 형제; 언니, 누나, 여동생

언제나 함께하는 우리는 가족이야.

☐ **family** family

[fǽməlɪ] 가족

우리 가족은 서로 사랑해.

☐ **love** love

[lʌv] 사랑하다

Think & Talk

우리 가족을 소개해 볼까요?

37

Review

A 사진을 보고, 단어를 올바로 쓰세요.

1. therfa
▶ _____

2. moreth
▶ _____

3. dda
▶ _____

4. ons
▶ _____

5. omm
▶ _____

6. siters
▶ _____

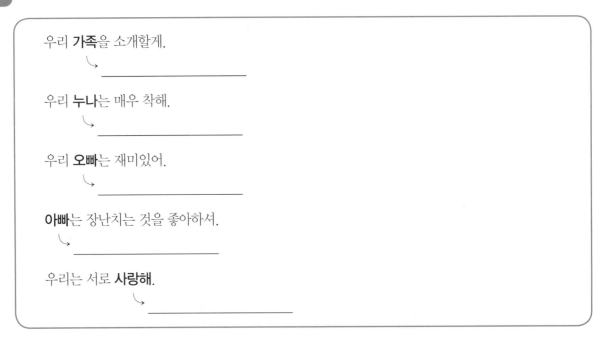

B 우리말에 알맞은 영단어를 쓰세요.

우리 **가족**을 소개할게.
↘ _____

우리 **누나**는 매우 착해.
↘ _____

우리 **오빠**는 재미있어.
↘ _____

아빠는 장난치는 것을 좋아하서.
↘ _____

우리는 서로 **사랑해**.
↘ _____

08.mp3

단어의 뜻을 연상해 보세요.

우리 몸은 하나하나
자기의 역할이 있어.

body

[báːdɪ]

손에는 다섯 손가락이 있어.

hand

[hænd]

다섯 손가락으로
물건을 집을 수 있어.

finger

[fíŋgər]

무릎을 굽히면 앉을 수 있어.

knee

[niː]

발로 어디든지
갈 수 있어.

foot

[fʊt]

어깨 덕분에 팔이
자유롭게 움직여.

shoulder

[ʃóʊldər]

등은 우리 몸의 기둥이야.

back

[bæk]

팔은 우리가 물건을
들 수 있게 해.

arm

[aːrm]

튼튼한 다리는
서 있을 수 있어.

leg

[leg]

발가락들이 균형을 잡아 줘.

toe

[toʊ]

Hint! 손가락 등 몸 팔 다리 손 무릎 발 어깨 발가락

✏️ 다음을 듣고, 크게 따라 읽으며 써 보세요.

우리 몸은 하나하나 자기의 역할이 있어.

☐ **body** body
[báːdɪ] 몸

어깨 덕분에 팔이 자유롭게 움직여.

☐ **shoulder** shoulder
[ʃóʊldər] 어깨

손에는 다섯 손가락이 있어.

☐ **hand** hand
[hænd] 손

등은 우리 몸의 기둥이야.

☐ **back** back
[bæk] 등

다섯 손가락으로 물건을 집을 수 있어.

☐ **finger** finger
[fíŋɡər] 손가락

팔은 우리가 물건을 들 수 있게 해.

☐ **arm** arm
[aːrm] 팔

확실히 이해한 단어에 ☑ 표시하세요.

무릎을 굽히면 앉을 수 있어.

☐ **knee** knee

[ni:] 무릎

튼튼한 다리는 서 있을 수 있어.

☐ **leg** leg

[leg] 다리

발로 어디든지 갈 수 있어.

☐ **foot** foot

[fʊt] 발 (두 발 feet)

발가락들이 균형을 잡아 줘.

☐ **toe** toe

[toʊ] 발가락

Think & Talk

내 몸에서 소중한 세 부분은 어디인가요?

1.

2.

3.

Review

A 단어에 알맞은 사진을 고르세요.

1. arm

2. hand

3. foot

 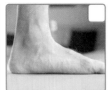

4. knee

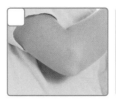 

B 질문에 알맞은 답을 영어로 쓰세요.

1. 머리, 어깨, 무릎 등은 무엇인가요? _____

2. 우리 몸의 기둥이 되는 부분은 어디인가요? _____

3. 우리를 서 있게 해주는 부분은 어디인가요? _____

4. 우리가 균형을 잡게 해주는 부분은 어디인가요? _____

5. 물건을 잡을 수 있는 부분은 어디인가요? _____

 Poor ☐ 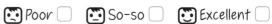 So-so ☐ Excellent ☐

09.mp3

단어의 뜻을 연상해 보세요.

얘들아, 우리 집에 놀러와.

house
[haʊs]

튼튼한 지붕이 비바람을 막아 줘.

roof
[ru:f]

계단을 올라가면 두 집이 있어.

stair
[stɛər]

노란색 문이 우리 집이야.

door
[dɔ:r]

가족 모두 거실에서 텔레비전을 봐.

living room
[lívɪŋ ru:m]

형과 나는 방을 함께 써.

room
[ru:m]

온 몸 구석구석 깨끗이 목욕을 해.

bath
[bæθ]

아침에 일어나면 욕실부터 달려가.

bathroom
[bǽθrù:m]

잠을 자는 침실이야.

bedroom
[bédrù:m]

푹신한 침대에 누우면 잠이 솔솔 와.

bed
[bed]

Hint!
지붕 목욕 방 침실 집 욕실 거실 문 계단 침대

43

✏️ 다음을 듣고, 크게 따라 읽으며 써 보세요.

☐ 얘들아, 우리 집에 놀러와.
house house
[haʊs] 집

☐ 튼튼한 지붕이 비바람을 막아 줘.
roof roof
[ru:f] 지붕

☐ 계단을 올라가면 두 집이 있어.
stair stair
[stɛər] 계단

☐ 노란색 문이 우리 집이야.
door door
[dɔ:r] 문

☐ 가족 모두 거실에서 텔레비전을 봐.
living room living room
[lívɪŋ ru:m] 거실

☐ 형과 나는 방을 함께 써.
room room
[ru:m] 방

아침에 일어나면 욕실부터 달려가.

☐ **bathroom** bathroom

[bǽθrùːm] 욕실

온 몸 구석구석 깨끗이 목욕을 해.

☐ **bath** bath

[bæθ] 목욕

잠을 자는 침실이야.

☐ **bedroom** bedroom

[bédrùːm] 침실

푹신한 침대에 누우면 잠이 솔솔 와.

☐ **bed** bed

[bed] 침대

Think & Talk

내가 살고 싶은 집을 그려 볼까요?

Review

A 사진을 보고, 단어를 올바로 쓰세요.

1.

f o o r

▶ _____

2.

r o m o

▶ _____

3.

b t h a

▶ _____

4.

b d e

▶ _____

5.

r o o m b a t h

▶ _____

6.

d o r o

▶ _____

B 빈칸에 알맞은 영단어를 쓰세요.

Welcome to my _____.
우리 **집**에 온 것을 환영해.

There is a _____ _____.
거실이 있어.

There are _____s.
계단이 있어.

There is my _____.
내 **방**이 있어.

There is a _____.
침대가 있어.

단어의 뜻을 연상해 보세요.

부엌은 항상 맛있는 냄새가 나.

kitchen
[kítʃin]

엄마와 부엌에서 요리해.

cook
[kʊk]

칼은 날카로우니 조심해.

knife
[naɪf]

음식 만들기 전에 손을 수건으로 닦아.

towel
[táʊəl]

젓가락으로 무엇이든 집을 수 있어.

chopsticks
[tʃɑ́:pstɪks]

커다란 숟가락으로 잼을 먹어.

spoon
[spu:n]

식탁에서 밥을 먹어.

table
[téɪbl]

접시에 음식을 예쁘게 담아.

plate
[pleɪt]

신선한 공기를 위해 창문을 열자.

window
[wíndoʊ]

벽에 선반을 달았어.

wall
[wɔ:l]

Hint!

수건	숟가락	접시	식탁	칼
부엌	창문	벽	젓가락	요리하다

✏️ 다음을 듣고, 크게 따라 읽으며 써 보세요.

부엌은 항상 맛있는 냄새가 나.

☐ **kitchen** kitchen

[kítʃin] 부엌

엄마와 부엌에서 요리해.

☐ **cook** cook

[kʊk] 요리하다

음식 만들기 전에 손을 수건으로 닦아.

☐ **towel** towel

[táʊəl] 수건

칼은 날카로우니 조심해.

☐ **knife** knife

[naɪf] 칼

젓가락으로 무엇이든 집을 수 있어.

☐ **chopsticks** chopsticks

[ʧá:pstɪks] 젓가락 (한 쌍)

커다란 숟가락으로 잼을 먹어.

☐ **spoon** spoon

[spu:n] 숟가락

접시에 음식을 예쁘게 담아.

☐ plate plate

[pleɪt] 접시

식탁에서 밥을 먹어.

☐ table table

[téɪbl] 식탁

벽에 선반을 달았어.

☐ wall wall

[wɔ:l] 벽

신선한 공기를 위해 창문을 열자.

☐ window window

[wíndoʊ] 창문

Think & Talk

우리 집 주방에는 무엇이 있나요?

Review

A 사진에 알맞은 단어를 연결하세요.

1. 　　2. 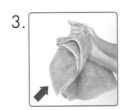　　3. 　　4. 　　5.

knife　　　towel　　　window　　　kitchen　　　chopsticks

B 우리말에 알맞은 영단어를 쓰세요.

아빠가 **식탁** 위에 무언가 올려두셨어.

↘ _____

접시에 담긴 저것은 무엇이지?

↘ _____

숟가락으로 떠 볼까? 앗, 이건 페인트잖아.

↘ _____

아빠는 **벽**을 칠하고 계셨어!

↘ _____

Word Ladder A

Word Ladder B

앞 단어의 마지막 철자나 소리로 시작하는 단어를 쓰세요.

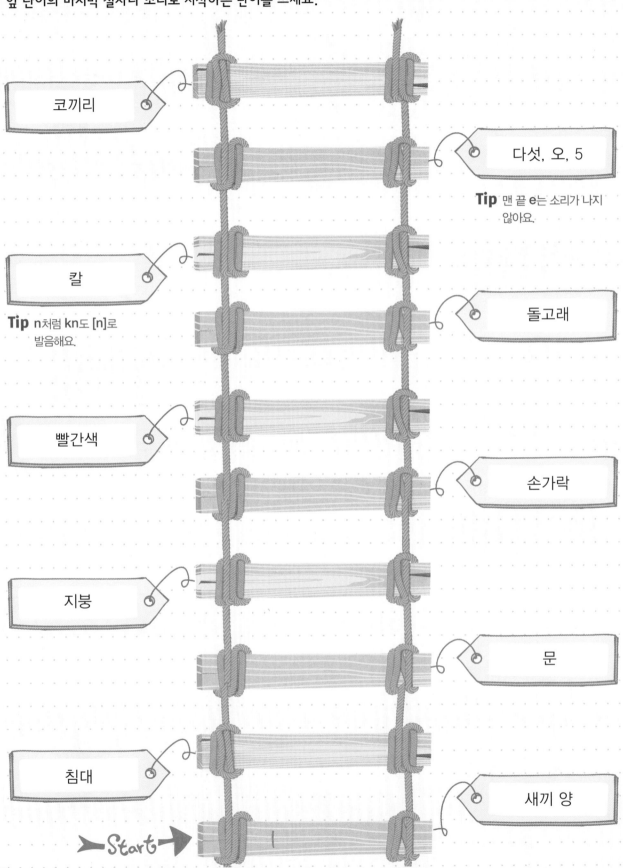

코끼리

다섯, 오, 5

Tip 맨 끝 e는 소리가 나지 않아요.

칼

Tip n처럼 kn도 [n]로 발음해요.

돌고래

빨간색

손가락

지붕

문

침대

새끼 양

Start

52

11.mp3

단어의 뜻을 연상해 보세요.

오늘은 학교에서 무엇을 배울까?

school
[sku:l]

우리 반은 아무도 못 말려.

class
[klæs]

선생님은 책을 쉽게 가르쳐 주셔.

teacher
[tíːʧər]

책에는 많은 것이 쓰여 있어.

book
[bʊk]

칠판 앞에 서면 왜 아무 생각이 안 날까?

blackboard
[blǽkbɔːrd]

칠판에 글씨를 쓸 때는 분필이 필요해.

chalk
[ʧɔːk]

수업 중에는 의자에 똑바로 앉아.

chair
[ʧer]

내 책상 위에는 컴퓨터가 있어.

desk
[desk]

학생이라면 시험을 피할 수 없어.

student
[stúːdnt]

난 친구와 함께 공부해.

friend
[frend]

Hint!
학교	칠판	분필	책상	선생님
반	책	학생	친구	의자

School 학교

11.mp3

✏️ 다음을 듣고, 크게 따라 읽으며 써 보세요.

오늘은 학교에서 무엇을 배울까?

☐ **school** school

[sku:l] 학교

우리 반은 아무도 못 말려.

☐ **class** class

[klæs] 반

책에는 많은 것이 쓰여 있어.

☐ **book** book

[bʊk] 책 (교과서 textbook)

선생님은 책을 쉽게 가르쳐 주셔.

☐ **teacher** teacher

[tíːʧər] 선생님

칠판 앞에 서면 왜 아무 생각이 안 날까?

☐ **blackboard** blackboard

[blǽkbɔːrd] 칠판

칠판에 글씨를 쓸 때는 분필이 필요해.

☐ **chalk** chalk

[ʧɔːk] 분필

54

내 책상 위에는 컴퓨터가 있어.

☐ **desk** desk

[desk] 책상

수업 중에는 의자에 똑바로 앉아.

☐ **chair** chair

[ʧer] 의자

학생이라면 시험을 피할 수 없어.

☐ **student** student

[stú:dnt] 학생

난 친구와 함께 공부해.

☐ **friend** friend

[frend] 친구

Think & Talk

학교에는 무엇이 있나요?

Review

A 사진에 알맞은 단어를 연결하세요.

1.
2.
3.
4.
5.

teacher   blackboard   chalk   chair   friend

B 우리말에 알맞은 영단어를 쓰세요.

오늘 **학교**에서 내가 발표했어.

↳ _____

선생님께서 내게 힘내라고 하셨어.

↳ _____

하지만 난 **분필**만 보고 있었어.

↳ _____

친구가 나를 보고 웃어서 창피했어.

↳ _____

책을 다 외울 걸......

↳ _____

 Poor ☐   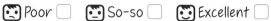 So-so ☐   Excellent ☐

56

Unit 12 **Bag** 가방

12.mp3

단어의 뜻을 연상해 보세요.

내 짝꿍의 필통에는 무엇이 있을까?

pencil case
[pénsl keɪs]

뚝바로 선을 그을 수 있는 자가 있어.

ruler
[rúːlər]

틀려도 괜찮아. 지우개로 지우면 돼.

eraser
[ɪréɪsər]

공책에 연필로 사각사각 글씨를 써.

pencil
[pénsl]

미술 수업은 정말 재밌어.

lesson
[lesn]

엄마에게 미술 숙제를 도와 달래야지.

homework
[hóʊmwɜːrk]

오린 종이를 풀로 붙여.

glue
[gluː]

먼저 가위로 종이를 오려.

scissors
[sízərz]

만들기 방법은 10쪽에 있어.

page
[peɪdʒ]

모두 가방에 넣고 학교로 Go! Go!

bag
[bæg]

Hint!

| 필통 | 지우개 | 풀 | 가방 | 숙제 |
| 쪽 | 수업 | 자 | 연필 | 가위 |

57

✏️ 다음을 듣고, 크게 따라 읽으며 써 보세요.

내 짝꿍의 필통에는 무엇이 있을까?

☐ **pencil case** pencil case

[pénsl keıs] 필통

뚝바로 선을 그을 수 있는 자가 있어.

☐ **ruler** ruler

[rúːlər] 자

공책에 연필로 사각사각 글씨를 써.

☐ **pencil** pencil

[pénsl] 연필

틀려도 괜찮아. 지우개로 지우면 돼.

☐ **eraser** eraser

[ıréısər] 지우개

미술 수업은 정말 재밌어.

☐ **lesson** lesson

[lesn] 수업

엄마에게 미술 숙제를 도와 달래야지.

☐ **homework** homework

[hóʊmwɜːrk] 숙제

먼저 가위로 종이를 오려.

☐ **scissors** scissors
[sízərz] 가위

오린 종이를 풀로 붙여.

☐ **glue** glue
[glu:] 풀

만들기 방법은 10쪽에 있어.

☐ **page** page
[peɪdʒ] 쪽

모두 가방에 넣고 학교로 Go! Go!

☐ **bag** bag
[bæg] 가방

Think & Talk

내 필통에는 무엇이 들어있나요?

Review

알파벳을 연결하고 단어를 써 보세요.

1. pencil ○ ───── ○ ser ▶ _____

2. era ○ ───── ○ sson ▶ _____

3. home ○ ───── ○ case ▶ _____

4. le ○ ───── ○ work ▶ _____

5. sci ○ ───── ○ ssors ▶ _____

B 우리말에 알맞은 영단어를 찾아보세요.

1. 자

2. 풀

3. 가방

4. 쪽

5. 연필

b	j	y	p	c	s	l
a	w	r	k	b	i	l
g	l	u	e	c	a	p
b	p	l	n	j	m	a
f	c	e	s	z	o	g
t	p	r	g	f	y	e
k	s	i	r	e	w	t

단어의 뜻을 연상해 보세요.

내가 재미난 이야기를 들려줄게.

story

[stɔ́:rɪ]

옛날 옛날에, 거울로 가득한 성이 있었대.

mirror

[mírər]

그 곳에는 왕과 왕비, 그리고 공주가 살고 있었어.

princess

[prínses]

어느 날, 공주는 못생긴 자신의 얼굴이 보기 싫어 성을 떠났어.

ugly

[ʌ́glɪ]

왕과 왕비는 뒤늦게 거울에 금이 간 걸 알았어.

queen

[kwi:n]

이곳저곳 여행하던 공주는 잘생긴 소년을 만났어.

handsome

[hǽnsəm]

그가 그려준 그림 속 소녀는 정말 예뻤어.

pretty

[prítɪ]

그 그림이 자신임을 깨달은 공주는 집으로 돌아갔어.

home

[hoʊm]

왕과 왕비에게 그 소년은 자신의 이름을 철자했어.

spell

[spel]

사실 그는 이웃 나라 왕자님이었어!

prince

[prɪns]

Hint! 거울 왕비 왕자 공주 철자하다 예쁜 못생긴 이야기 집 잘생긴

61

✏️ 다음을 듣고, 크게 따라 읽으며 써 보세요.

내가 재미난 이야기를 들려줄게.

☐ **story** story

[stɔ́:rɪ] 이야기

옛날 옛날에, 거울로 가득한 성이 있었대.

☐ **mirror** mirror

[mírər] 거울

그 곳에는 왕과 왕비, 그리고 공주가 살고 있었어.

☐ **princess** princess

[prínses] 공주

어느 날, 공주는 못생긴 자신의 얼굴이 보기 싫어 성을 떠났어.

☐ **ugly** ugly

[ʌ́glɪ] 못생긴

왕과 왕비는 뒤늦게 거울에 금이 간 걸 알았어.

☐ **queen** queen

[kwi:n] 왕비

이곳저곳 여행하던 공주는 잘생긴 소년을 만났어.

☐ **handsome** handsome

[hǽnsəm] 잘생긴

그가 그려준 그림 속 소녀는 정말 예뻤어.

☐ **pretty** pretty

[príti] 예쁜

그 그림이 자신임을 깨달은 공주는 집으로 돌아갔어.

☐ **home** home

[hoʊm] 집

왕과 왕비에게 그 소년은 자신의 이름을 철자했어.

☐ **spell** spell

[spel] 철자하다

사실 그는 이웃나라 왕자님이었어!

☐ **prince** prince

[prɪns] 왕자

Think & Talk

만화 속 왕자와 공주에게 앞으로 어떤 일이 벌어질까요?

A 그림을 보고, 단어를 올바로 쓰세요.

1.

mrrior

▶ _____

2.

pslle

▶ _____

3.

qunee

▶ _____

4.

prttye

▶ _____

5.

hoem

▶ _____

6.

prncie

▶ _____

B 빈칸에 알맞은 영단어를 쓰세요.

Am I _____?
내가 **못생겼니**?

No, you are _____.
아니, 너는 **예뻐**.

Is he _____?
그는 **못생겼니**?

No, he is _____.
아니, 그는 **잘생겼어**.

😞 Poor ☐ 😐 So-so ☐ 😊 Excellent ☐

단어의 뜻을 연상해 보세요.

오늘 하루는 좋은 일이 생길 것 같아.

day
[deɪ]

지각하지 않으려면 어서 깨어나.

wake
[weɪk]

점심은 뭐가 나올까?

lunch
[lʌntʃ]

해가 진 저녁 놀이터는 쓸쓸해.

evening
[iːvnɪŋ]

밤에 엄마 몰래 만화책 읽어야지.

night
[naɪt]

a.m. 7:00

a.m. 7:30

a.m. 8:00

a.m. 12:00

p.m. 3:00

p.m. 6:00

p.m. 7:00

p.m. 10:00

p.m. 12:00

두둥실 아침 해가 떴어.

morning
[mɔːrnɪŋ]

아침밥을 든든하게 먹어.

breakfast
[brekfəst]

오후에는 게임 딱 한 시간만!

afternoon
[æftərnuːn]

저녁밥 때는 온 가족이 모여.

dinner
[dɪnər]

얘들아, 제발 잠 좀 자라.

sleep
[sliːp]

Hint! 밤 아침 오후 아침밥 저녁밥 깨다 저녁 하루 자다 점심

65

✏️ 다음을 듣고, 크게 따라 읽으며 써 보세요.

오늘 하루는 좋은 일이 생길 것 같아.

☐ **day** day

[deɪ] 하루, 낮

(a.m. 7:00) 두둥실 아침 해가 떴어.

☐ **morning** morning

[mɔːrnɪŋ] 아침

(a.m. 7:30) 지각하지 않으려면 어서 깨어나.

☐ **wake** wake

[weɪk] 깨다, 눈을 뜨다

(a.m. 8:00) 아침밥을 든든하게 먹어.

☐ **breakfast** breakfast

[brekfəst] 아침밥

(a.m. 12:00) 점심은 뭐가 나올까?

☐ **lunch** lunch

[lʌntʃ] 점심

(p.m. 3:00) 오후에는 게임 딱 한 시간만!

☐ **afternoon** afternoon

[æftərnuːn] 오후

(p.m. 6:00) 해가 진 저녁 놀이터는 쓸쓸해.

☐ # evening evening

[iːvniŋ] 저녁 (해가 진 후 잘 때까지)

(p.m. 7:00) 저녁밥 때는 온가족이 모여.

☐ # dinner dinner

[dɪnər] 저녁밥

(p.m. 10:00) 밤에 엄마 몰래 만화책 읽어야지.

☐ # night night

[naɪt] 밤 (해가 진 후 이튿 날 새벽까지)

(p.m. 12:00) 얘들아, 제발 잠 좀 자라.

☐ # sleep sleep

[sliːp] (잠을) 자다

Think & Talk

나의 하루 일과 표를 만들어 볼까요?

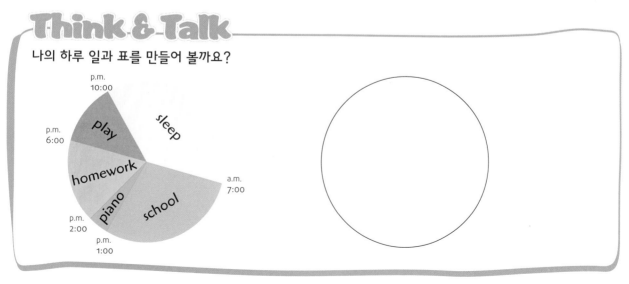

Review

A 사진을 보고, 단어를 올바로 쓰세요.

1.

mornngi
▶ _____

2.

kewa
▶ _____

3.

luchn
▶ _____

4.

veingen
▶ _____

5.

erdinn
▶ _____

6.

ghtni
▶ _____

B 우리말에 알맞은 영단어를 쓰세요.

오늘은 늦게까지 **잘** 수 있어.
↘ _____

11시에 **아침식사**를 할 거야.
↘ _____

그리고 **오후**에 컴퓨터 게임을 할 거야.
↘ _____

멋진 **하루**를 보내야지!
↘ _____

 Poor ☐ So-so ☐ Excellent ☐

68

15.mp3

단어의 뜻을 연상해 보세요.

30도가 넘는 더운 날씨에는 물놀이가 최고야.

hot
[hat]

따뜻한 봄 날에는 가족들과 캠핑을 가.

warm
[wɔ:rm]

햇볕이 쨍쨍한 날에는 풀들이 무럭무럭 자라.

sunny
[sʌ́nɪ]

추운 겨울날에는 온몸이 꽁꽁 얼 것 같아.

cold
[kould]

매일 매일 변하는 날씨는 변덕쟁이야.

TUE	WED	THU	FRI	SAT	SUN
31°	28°	26°	23°	24°	20°

weather
[wéðə:r]

서늘한 날에는 밖에서 놀기 좋아.

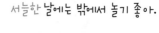

cool
[ku:l]

바람이 부는 날은 연이 아주 멀리 날아가.

windy
[wíndɪ]

구름이 잔뜩 낀 흐린 날에는 비가 올지도 몰라.

cloudy
[kláudɪ]

온 세상이 하얗게 눈이 내려.

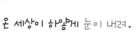

snow
[snou]

비가 와. 우산이 필요해.

rain
[reɪn]

Hint! 날씨 따뜻한 더운 햇볕이 쨍쨍한 바람이 부는
흐린 서늘한 추운 비가 오다 눈이 내리다

69

15.mp3

✏️ 다음을 듣고, 크게 따라 읽으며 써 보세요.

매일 매일 변하는 날씨는 변덕쟁이야.

☐ **weather** weather

[wéðə:r] 날씨

30도가 넘는 더운 날씨에는 물놀이가 최고야.

☐ **hot** hot

[hat] 더운

따뜻한 봄 날에는 가족들과 캠핑을 가.

☐ **warm** warm

[wɔ:rm] 따뜻한

햇볕이 쨍쨍한 날에는 풀들이 무럭무럭 자라.

☐ **sunny** sunny

[sʌ́nɪ] 햇볕이 쨍쨍한

서늘한 날에는 밖에서 놀기 좋아.

☐ **cool** cool

[ku:l] 서늘한

온 세상이 하얗게 눈이 내려.

☐ **snow** snow

[snou] 눈이 내리다

구름이 잔뜩 낀 흐린 날에는 비가 올지도 몰라.

☐ cloudy cloudy

[kláʊdɪ] 흐린 (구름 cloud)

비가 와. 우산이 필요해.

☐ rain rain

[reɪn] 비가 오다

바람이 부는 날은 연이 아주 멀리 날아가.

☐ windy windy

[wíndɪ] 바람이 부는 (바람 wind)

추운 겨울날에는 온몸이 꽁꽁 얼 것 같아.

☐ cold cold

[koʊld] 추운

Think & Talk

여러분은 어떤 날씨를 좋아하고 싫어하나요?

내가 좋아하는 날씨   내가 싫어하는 날씨

Review

A 단어에 알맞은 사진을 고르세요.

1. hot

2. windy

3. cloudy

4. snow

B 빈칸에 알맞은 영단어를 쓰세요.

How's the _____?
날씨는 어때?

It's _____.
따뜻해.

It's _____.
햇볕이 쨍쨍해.

It's _____.
서늘해.

It's_____.
추워.

 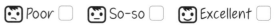 Poor ☐ ☺ So-so ☐ ☺ Excellent ☐

72

Word Ladder A

앞 단어의 마지막 철자나 소리로 시작하는 단어를 쓰세요.

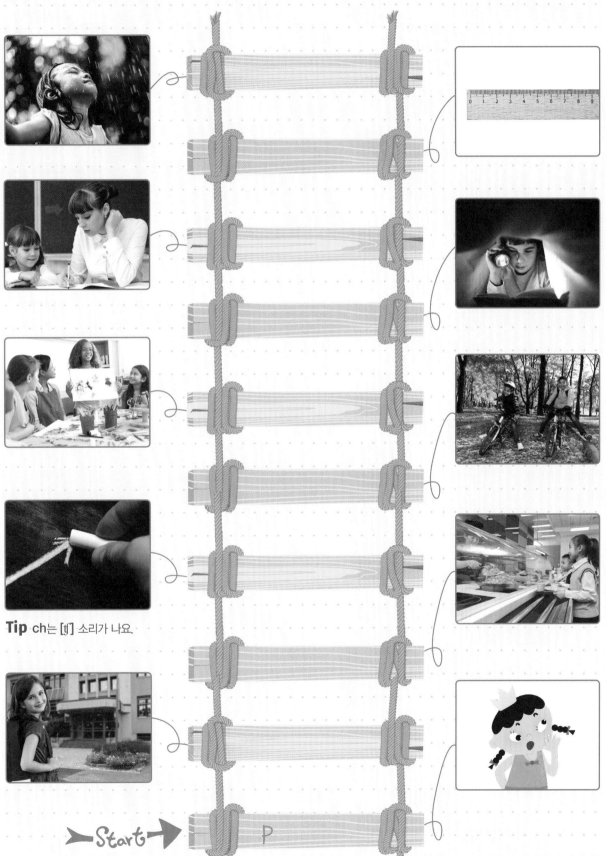

Tip ch는 [tʃ] 소리가 나요.

앞 단어의 마지막 철자나 소리로 시작하는 단어를 쓰세요.

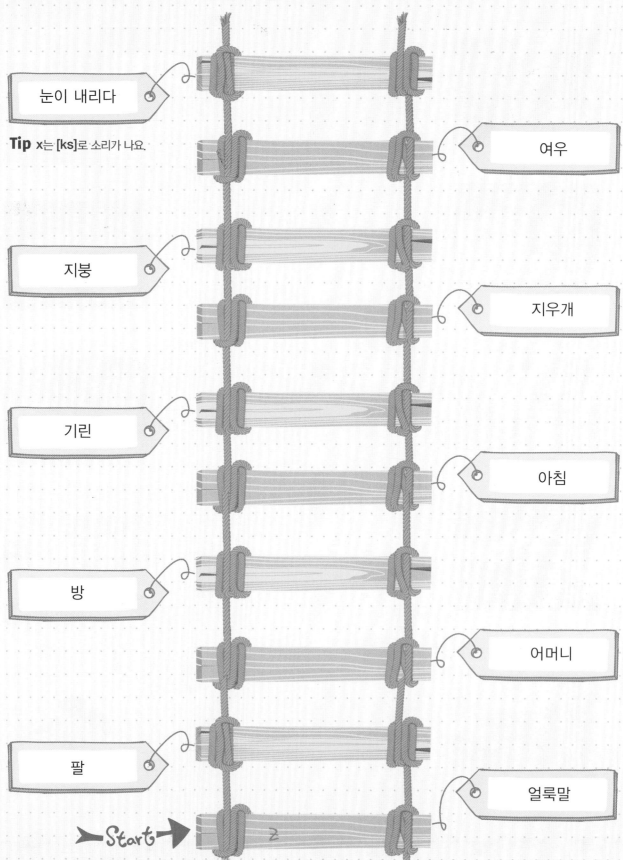

눈이 내리다

Tip x는 [ks]로 소리가 나요.

여우

지붕

지우개

기린

아침

방

어머니

팔

얼룩말

Start

74

16.mp3

단어의 뜻을 연상해 보세요.

우리는 간식으로 빵을 자주 먹어.

bread
[bred]

eat
[i:t]

여동생은 달콤한 꿀을 좋아해.

like
[laɪk]

꿀은 벌이 만들어.

make
[meɪk]

달콤한 초콜릿 케이크는 꿀만큼 달아.

sweet
[swi:t]

사탕은 꿀처럼 달콤해.

candy
[kǽndɪ]

쿠키는 정말 맛있어.

cookie
[kɔ́kɪ]

delicious
[dílɪʃəs]

한 병을 다 마실 만큼 목이 말라!

thirsty
[θə́:rstɪ]

배고파! 당근도 통째먹을 수 있겠어.

hungry
[hʌ́ŋgrɪ]

Hint!

만들다	좋아하다	사탕	빵	먹다
배고픈	목이 마른	맛있는	쿠키	달콤한

✏️ 다음을 듣고, 크게 따라 읽으며 써 보세요.

우리는 간식으로 빵을 자주 먹어.

☐ **bread** bread

[bred] 빵

우리는 간식으로 빵을 자주 먹어.

☐ **eat** eat

[iːt] 먹다

여동생은 달콤한 꿀을 좋아해.

☐ **like** like

[laɪk] 좋아하다

꿀은 벌이 만들어.

☐ **make** make

[meɪk] 만들다

사탕은 꿀처럼 달콤해.

☐ **candy** candy

[kǽndɪ] 사탕

달콤한 초콜릿 케이크는 꿀만큼 달아.

☐ **sweet** sweet

[swiːt] 달콤한, 단

쿠키는 정말 맛있어.

☐ **cookie** cookie

[kɔ́kɪ] 쿠키

쿠키는 정말 맛있어.

☐ **delicious** delicious

[dílɪʃəs] 맛있는

배고파! 당근도 통째 먹을 수 있겠어.

☐ **hungry** hungry

[hʌ́ŋgrɪ] 배고픈

한 병을 다 마실 만큼 목이 말라!

☐ **thirsty** thirsty

[θɜ́ːrstɪ] 목이 마른

Think & Talk

두 사람은 어떤 간식을 얼만큼 먹을 수 있을까요?

Review

A 알파벳을 연결하고 단어를 써 보세요.

1.  bre ● ● eet ▶ _____

2. can ● ● ad ▶ _____

3. sw ● ● dy ▶ _____

4. coo ● ● sty ▶ _____

5. thir ● ● kie ▶ _____

B 우리말에 알맞은 영단어를 쓰세요.

우리 엄마는 케이크를 잘 **만드셔**.
↘ _____

엄마의 케이크는 참 **맛있어**.
↘ _____

난 엄마의 케이크를 정말 **좋아해**.
↘ _____

매일매일 **먹고** 싶어. 생각만 해도 **배고파**.
↘ _____   ↘ _____

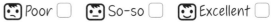

단어의 뜻을 연상해 보세요.

우리가 먹는 과일은 나무의 열매야.

fruit
[fru:t]

더운 여름에는 시원한 수박이 최고야.

watermelon
[wɔ́:tərmèlən]

피부 미인이 되고 싶으면 복숭아를 많이 먹어.

peach
[pi:ʧ]

사과는 후식으로 인기 만점이야.

apple
[æpl]

밭에서 자라는 채소는 줄기, 열매, 또는 뿌리를 먹어.

vegetable
[véʤtəbl]

갓 딴 신선한 과일은 맛있어.

fresh
[freʃ]

봄에는 달콤한 딸기가 많이 나.

strawberry
[strɔ́:bèrɪ]

영양소가 풍부한 포도는 과일의 여왕이래.

grape
[greɪp]

시원하고 달콤한 배는 신의 선물!

pear
[per]

당근은 뿌리를 먹는 뿌리채소야.

carrot
[kǽrət]

Hint! 과일   딸기   신선한   수박   사과
         포도   배   복숭아   채소   당근

17.mp3

✏️ 다음을 듣고, 크게 따라 읽으며 써 보세요.

☐ 우리가 먹는 과일은 나무의 열매야.

fruit fruit
[fru:t] 과일

☐ 갓 딴 신선한 과일은 맛있어.

fresh fresh
[freʃ] 신선한

☐ 봄에는 달콤한 딸기가 많이 나.

strawberry strawberry
[strɔ́:bèrɪ] 딸기

☐ 더운 여름에는 시원한 수박이 최고야.

watermelon watermelon
[wɔ́:tərmèlən] 수박

☐ 피부 미인이 되고 싶으면 복숭아를 많이 먹어.

peach peach
[pi:ʧ] 복숭아

☐ 영양소가 풍부한 포도는 과일의 여왕이래.

grape grape
[greɪp] 포도

시원하고 달콤한 배는 신의 선물!

☐ **pear** pear

[per] 배

사과는 후식으로 인기 만점이야.

☐ **apple** apple

[æpl] 사과

밭에서 자라는 채소는 줄기, 열매, 또는 뿌리를 먹어.

☐ **vegetable** vegetable

[véʤtəbl] 채소

당근은 뿌리를 먹는 뿌리채소야.

☐ **carrot** carrot

[kǽrət] 당근

Think & Talk

무엇이 과일이고 무엇이 채소일까요?

| fruit | vegetable |

Review

A 사진에 알맞은 단어를 연결하세요.

1.    2.    3.    4.    5.

watermelon   strawberry   peach   grape   pear

B 빈칸에 알맞은 영단어를 쓰세요.

Do you like _____s?
너는 **채소**를 좋아하니?

Yes, I like a _____ best.
응, 나는 **당근**을 가장 좋아해.

Do you like _____?
너는 **과일**을 좋아하니?

Yes, I like _____ fruit.
응, 난 **신선한** 과일을 좋아해.

 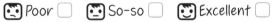 Poor ☐   So-so ☐   Excellent ☐

82

18.mp3

단어의 뜻을 연상해 보세요.

맛있는 음식을 먹으면 힘이 나.

food
[fu:d]

맛있는 여름날 간식 옥수수!

corn
[kɔ:rn]

고기의 단백질이 몸짱을 만들어 줘.
고기는 종류에 따라 돼지고기, 닭고기, 소고기 등이 있어.

meat
[mi:t]

pork
[pɔ:rk]

chicken
[tʃíkɪn]

beef
[bi:f]

소의 젖에서 짜낸 우유는 영양가가 많아.

milk
[mɪlk]

우유로 고소한 버터를 만들어.

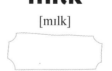

butter
[bʌ́tər]

닭이 낳은 달걀은 맛있어.

egg
[eg]

쌀은 우리 주식이야.

rice
[raɪs]

Hint! 소고기 음식 고기 달걀 닭고기 돼지고기 우유 버터 옥수수 쌀

🖉 다음을 듣고, 크게 따라 읽으며 써 보세요.

맛있는 음식을 먹으면 힘이 나.

☐ **food** food

[fuːd] 음식

맛있는 여름날 간식 옥수수!

☐ **corn** corn

[kɔːrn] 옥수수

고기의 단백질이 몸짱을 만들어 줘.

☐ **meat** meat

[miːt] 고기

고기의 종류 중 하나인 돼지고기

☐ **pork** pork

[pɔːrk] 돼지고기

고기의 종류 중 하나인 닭고기

☐ **chicken** chicken

[ʧíkɪn] 닭고기

고기의 종류 중 하나인 소고기

☐ **beef** beef

[biːf] 소고기

소의 젖에서 짜낸 우유는 영양가가 많아.

☐ **milk** milk

[mɪlk] 우유

우유로 고소한 버터를 만들어.

☐ **butter** butter

[bʌ́tər] 버터

닭이 낳은 달걀은 맛있어.

☐ **egg** egg

[eg] 달걀

쌀은 우리 주식이야.

☐ **rice** rice

[raɪs] 쌀

Think & Talk

여러분은 오늘 하루 어떤 음식을 먹었나요?

Jane's plate

_____'s plate

Review

A 사진을 보고, 단어를 올바로 쓰세요.

1.

oprk

▶ _____

2.

ebfe

▶ _____

3.

cihckne

▶ _____

4.

btuter

▶ _____

5.

imlk

▶ _____

6.

irce

▶ _____

B 우리말에 알맞은 영단어를 찾아보세요.

1. 음식

2. 옥수수

3. 달걀

4. 고기

5. 버터

t	e	l	f	k	i	c
p	i	r	c	o	r	n
c	m	e	a	t	o	x
s	b	t	u	e	o	d
h	q	t	a	g	f	w
e	l	u	m	g	k	y
e	e	b	c	a	l	f

Poor ☐ So-so ☐ Excellent ☐

단어의 뜻을 연상해 보세요.

동그란 공은 통통~ 어디로 튈지 몰라.

ball
[bɔ:l]

야구는 주먹만한 공을 멀리 치는 거야.

baseball
[béisbɔ:l]

축구는 발로 공을 차서 골대에 넣어.

soccer
[sákər]

야구를 하려면 공을 치는 방망이와 공을 잡는 장갑이 필요해.

bat
[bæt]

glove
[glʌv]

농구는 손으로 공을 튀겨 공중의 골대에 넣어.

basketball
[bǽskɪtbɔ:l]

쉬는 시간에 공을 가지고 놀아.

play
[pleɪ]

우리 골키퍼가 공을 잡아서 이겼어.

win
[wɪn]

친구들과 팀을 나누어 시합을 해.

team
[ti:m]

우리 팀이 아깝게 2:1로 졌어.

lose
[lu:z]

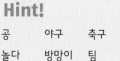

Hint!

공	야구	축구	농구	장갑
놀다	방망이	팀	지다	이기다

✏️ 다음을 듣고, 크게 따라 읽으며 써 보세요.

동그란 공은 통통~ 어디로 튈지 몰라.

☐ **ball** ball

[bɔ:l] 공

야구는 주먹만한 공을 멀리 치는 거야.

☐ **baseball** baseball

[béɪsbɔ:l] 야구

야구를 하려면 공을 치는 방망이와 공을 잡는 장갑이 필요해.

☐ **bat** bat

[bæt] 방망이

야구를 하려면 공을 치는 방망이와 공을 잡는 장갑이 필요해.

☐ **glove** glove

[glʌv] 장갑

축구는 발로 공을 차서 골대에 넣어.

☐ **soccer** soccer

[sákər] 축구

농구는 손으로 공을 튀겨 공중의 골대에 넣어.

☐ **basketball** basketball

[bǽskɪtbɔ:l] 농구

쉬는 시간에 공을 가지고 놀아.

☐ **play** play
[pleɪ] 놀다

친구들과 팀을 나누어 시합을 해.

☐ **team** team
[ti:m] 팀

우리 골키퍼가 공을 잡아서 이겼어.

☐ **win** win
[wɪn] 이기다

우리 팀이 아깝게 2:1로 졌어.

☐ **lose** lose
[luːz] 지다

Think & Talk

여러분은 어떤 운동을 할 수 있나요?

Review

A 사진을 보고, 단어를 올바로 쓰세요.

1.

sbaeblal

▶ _____

2.

oglve

▶ _____

3.

bsaketabll

▶ _____

4.

csocer

▶ _____

5.

tema

▶ _____

6.

lsoe

▶ _____

B 우리말에 알맞은 영단어를 찾아보세요.

1. 방망이

2. 이기다

3. 놀다

4. 팀

5. 지다

w	n	d	v	p	a	t
h	i	q	a	b	a	t
h	b	n	n	s	p	e
s	p	l	a	y	i	a
q	r	o	e	a	q	m
v	j	s	v	b	z	y
x	k	e	x	z	f	i

 Poor ☐   So-so ☐   Excellent ☐

20.mp3

단어의 뜻을 연상해 보세요.

너는 여가시간에 주로 무엇을 즐기니?

enjoy
[ɪndʒɔ́ɪ]

내 취미는 컴퓨터 게임이야.

hobby
[há:bɪ]

즐겁게 춤을 추다 보면 스트레스가 사라져!

dance
[dæns]

나는 하루도 빠짐없이 수영해.

swim
[swɪm]

우리 동네 구석구석 자전거를 타.

bike
[baɪk]

ride
[raɪd]

난 무엇이든 사진을 찍어.

photo
[fóʊtoʊ]

take
[teɪk]

심심할 땐 만화책을 읽어.

read
[ri:d]

힘차게 달리면 하늘을 나는 거 같아!

run
[rʌn]

Hint!
춤을 추다 타다 읽다 취미 사진 달리다 찍다 수영하다 즐기다 자전거

Hobby 취미

20.mp3

✏️ 다음을 듣고, 크게 따라 읽으며 써 보세요.

너는 여가시간에 주로 무엇을 즐기니?

☐ **enjoy** enjoy

[ɪndʒɔ́ɪ] 즐기다

내 취미는 컴퓨터 게임이야.

☐ **hobby** hobby

[háːbɪ] 취미

나는 하루도 빠짐없이 수영해.

☐ **swim** swim

[swɪm] 수영하다

즐겁게 춤을 추다 보면 스트레스가 사라져!

☐ **dance** dance

[dæns] 춤을 추다

우리 동네 구석구석 자전거를 타.

☐ **bike** bike

[baɪk] 자전거 (bicycle)

우리 동네 구석구석 자전거를 타.

☐ **ride** ride

[raɪd] 타다

92

난 무엇이든 사진을 찍어.

photo photo

[fóutou] 사진 (photograph, picture)

난 무엇이든 사진을 찍어.

take take

[teɪk] (사진을) 찍다, 잡다, 가지고 가다, (시간이) 걸리다

난 심심할 때 만화책을 읽어.

read read

[ri:d] 읽다

힘차게 달리면 하늘을 나는 거 같아!

run run

[rʌn] 달리다

Think & Talk

즐겨하는 취미는 무엇인가요?

I enjoy skiing.
나는 스키타기를 즐겨.

Review

A 사진에 알맞은 단어를 연결하세요.

1.
2.
3.
4.
5.

dance   swim   bike   take   read

B 빈칸에 알맞은 영단어를 쓰세요.

What's your _____?
너의 **취미**는 뭐야?

I _____ playing computer games.
나는 컴퓨터 게임하기를 **즐겨**.

I like to _____ a bike.
난 자전거 **타기**를 좋아해.

I enjoy _____ning.
난 **달리기**를 즐겨.

Poor ☐   So-so ☐   Excellent ☐

앞 단어의 마지막 철자나 소리로 시작하는 단어를 쓰세요.

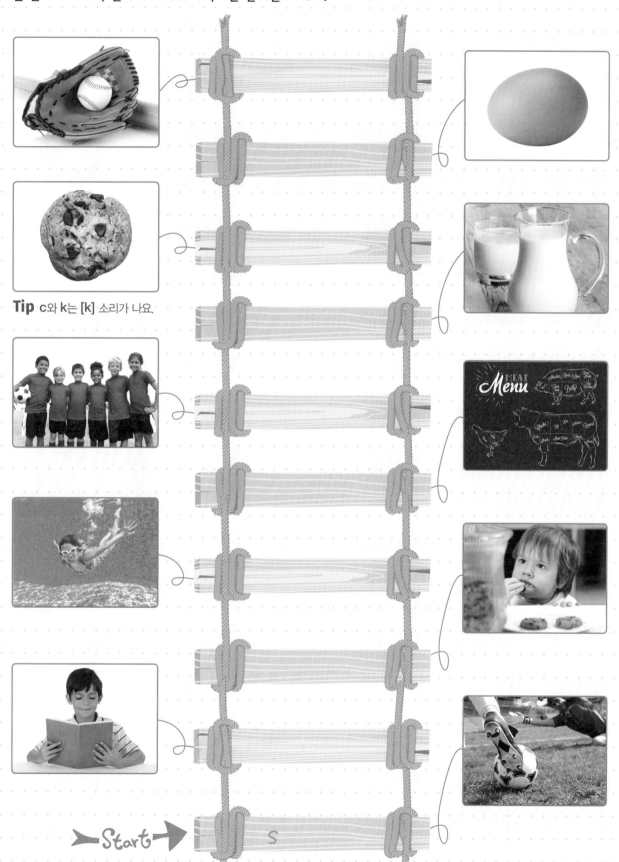

Tip c와 k는 [k] 소리가 나요.

앞 단어의 마지막 철자나 소리로 시작하는 단어를 쓰세요.

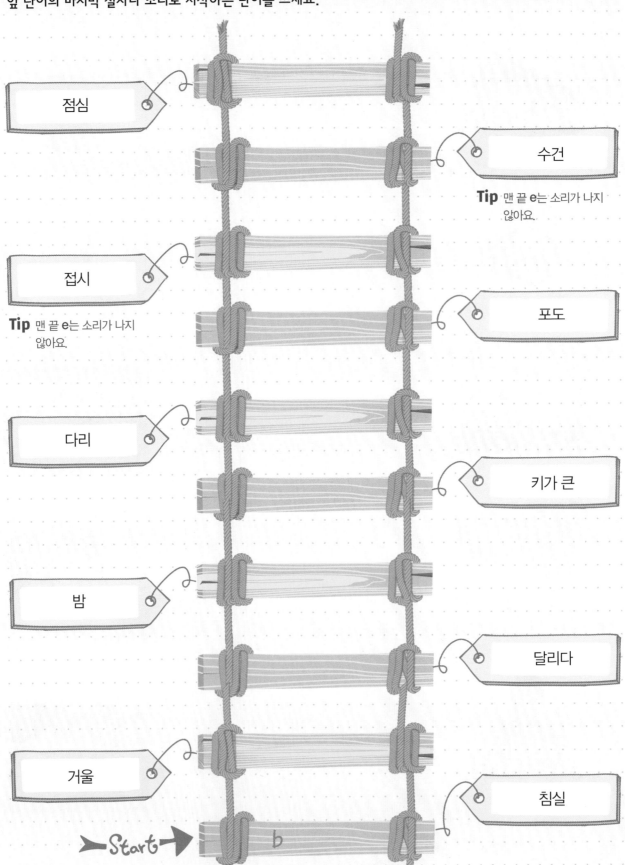

점심

수건

Tip 맨 끝 e는 소리가 나지
않아요.

접시

포도

Tip 맨 끝 e는 소리가 나지
않아요.

다리

키가 큰

밤

달리다

거울

침실

→ Start → b

단어의 뜻을 연상해 보세요.

우체국에서는 어디든지 편지를 전달해 줘.

post office
[póust ɔ́:fis]

집배원 아저씨는 매일 우편물을 배달해.

mail
[meɪl]

산타 할아버지께 편지를 쓸 거야.

letter
[létər]

write
[raɪt]

편지 봉투에 이름과 주소를 빠트리면 안 돼.

name
[neɪm]

SANTA CLAUS
NORTH POLE

address
[ædrés]

내 편지가 우리 동네로부터 산타할아버지가 계신 북극까지 잘 가겠지?

from
[frʌm]

to
[tu]

산타 할아버지의 선물을 기다려야지.

wait
[weɪt]

편지를 산타할아버지께 보내자.

send
[send]

Hint!

이름	~까지	우편물	보내다	기다리다
편지	~로부터	쓰다	주소	우체국

97

21 .mp3

✏️ 다음을 듣고, 크게 따라 읽으며 써 보세요.

우체국에서는 어디든지 편지를 전달해 줘.

☐ **post office** post office

[póust ɔ́:fis] 우체국

집배원 아저씨는 매일 우편물을 배달해.

☐ **mail** mail

[meil] 우편물

산타 할아버지께 편지를 쓸 거야.

☐ **letter** letter

[létər] 편지

산타 할아버지께 편지를 쓸 거야.

☐ **write** write

[rait] 쓰다

편지 봉투에 이름과 주소를 빠트리면 안 돼.

☐ **name** name

[neim] 이름

편지 봉투에 이름과 주소를 빠트리면 안 돼.

☐ **address** address

[ædrés] 주소

확실히 이해한 단어에 ✓ 표시하세요.

내 편지가 우리 동네로 부터 산타할아버지가 계신 북극까지 잘 가겠지?

☐ **from** from

[frʌm] ~로부터

내 편지가 우리 동네로 부터 산타할아버지가 계신 북극까지 잘 가겠지?

☐ **to** to

[tu] ~까지, ~로

편지를 산타할아버지께 보내자.

☐ **send** send

[send] 보내다

산타 할아버지의 선물을 기다려야지.

☐ **wait** wait

[weɪt] 기다리다

Think & Talk

산타 할아버지께 뭐라고 편지를 쓸까요?

Dear Santa,
I want a computer,

99

Review

A 알파벳을 연결하고 단어를 써 보세요.

1.  post ─── it ▶ _____

2. wa ─── office ▶ _____

3. le ─── nd ▶ _____

4. wri ─── tter ▶ _____

5. se ─── te ▶ _____

B 우리말에 알맞은 영단어를 쓰세요.

나는 매년 산타 할아버지에게 편지를 **써**.
↘ _____

편지 봉투에 **이름**을 빠트리면 안 돼.
↘ _____

올해도 내 편지가 우리 집**으로부터** 북극**까지** 잘 가겠지?
↙ _____   ↘ _____

집배원 아저씨, **우편물**을 잘 배달해 주세요.
↘ _____

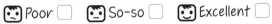

단어의 뜻을 연상해 보세요.

지난 주말에 가족 여행을 다녀왔어.

trip

[trɪp]

어른이 되면 세계 곳곳을 여행할 거야.

travel

[trǽvl]

그 다음 기차로 유럽까지 가.

train

[treɪn]

차를 운전해서 중국으로 출발해.

car

[kɑːr]

배를 타고 바다를 건너.

boat

[boʊt]

비행기를 타고 빠르게 날아가.

airplane

[ɛ́ərplèɪn]

무엇을 타든 새로운 곳에 도착할 거야.

arrive

[əráɪv]

공항에 가면 비행기를 탈 수 있어.

airport

[ɛ́rpɔːrt]

여행하다가 밤이 되면 어디에 머무르지?

stay

[steɪ]

지도로 찾아갈 수 있어.

map

[mæp]

Hint!
여행 머무르다 비행기 도착하다 지도 기차 차 공항 여행하다 배

✏️ 다음을 듣고, 크게 따라 읽으며 써 보세요.

지난 주말에 가족 여행을 다녀왔어.

☐ **trip** trip

[trɪp] (짧은) 여행

어른이 되면 세계 곳곳을 여행할 거야.

☐ **travel** travel

[trǽvl] 여행하다

차를 운전해서 중국으로 출발해.

☐ **car** car

[kɑːr] 차

그 다음 기차로 유럽까지 가.

☐ **train** train

[treɪn] 기차

배를 타고 바다를 건너.

☐ **boat** boat

[boʊt] 배 (큰 배 ship)

비행기를 타고 빠르게 날아가.

☐ **airplane** airplane

[ɛ́ərplèin] 비행기 (**B.E** aeroplane)

확실히 이해한 단어에 ✔ 표시하세요.

공항에 가면 비행기를 탈 수 있어.

☐ **airport** airport

[ɛ́rpɔ:rt] 공항

무엇을 타든 새로운 곳에 도착할 거야.

☐ **arrive** arrive

[əráɪv] 도착하다

여행하다가 밤이 되면 어디에 머무르지?

☐ **stay** stay

[steɪ] 머무르다

지도로 찾아갈 수 있어.

☐ **map** map

[mæp] 지도

Think & Talk

어디로 여행을 갈까요?

A 사진을 보고, 단어를 올바로 쓰세요.

1.

atrvel

▶ _____

2.

rca

▶ _____

3.

raiplnae

▶ _____

4.

abot

▶ _____

5.

arirev

▶ _____

6.

raipotr

▶ _____

B 빈칸에 알맞은 영단어를 쓰세요.

We went on a _____.
우리는 **여행**을 갔어.

We went by _____.
우리는 **기차**를 타고 갔어.

We _____ed at a nice hotel.
우리는 멋진 호텔에 **머물렀어**.

A _____ helped us a lot.
지도가 많은 도움이 됐어.

☺ Poor ☐   ☺ So-so ☐   ☺ Excellent ☐

단어의 뜻을 연상해 보세요.

돈은 물건을 사고 팔때 필요해.

money
[mʌ́ni]

물건의 가격에 따라 돈을 내.

price
[praɪs]

할인기간에는 싼 것들이 많아.

cheap
[ʧ̌iːp]

돈을 내고 필요한 것을 사.

buy
[baɪ]

금과 다이아몬드는 비싼 보석이야.

gold
[goʊld]

expensive
[ɪkspénsɪv]

은행에 얼마나 많은 돈이 있을까?

bank
[bæŋk]

much
[mʌʧ]

은행에 돈이 많으면 부유해지고 조금이면 가난해져.

rich
[rɪʧ]

poor
[pʊr]

Hint!

돈	은행	가격	싼	부유한
비싼	금	많은	사다	가난한

✏️ 다음을 듣고, 크게 따라 읽으며 써 보세요.

돈은 물건을 사고 팔 때 필요해.

☐ **money** money

[mʌ́nɪ] 돈

물건의 가격에 따라 돈을 내.

☐ **price** price

[praɪs] 가격

돈을 내고 필요한 것을 사.

☐ **buy** buy

[baɪ] 사다

할인기간에는 싼 것들이 많아.

☐ **cheap** cheap

[tʃiːp] 싼, 저렴한

금과 다이아몬드는 비싼 보석이야.

☐ **gold** gold

[goʊld] 금

금과 다이아몬드는 비싼 보석이야.

☐ **expensive** expensive

[ɪkspénsɪv] 비싼

은행에 얼마나 많은 돈이 있을까?

bank bank

[bæŋk] 은행

은행에 얼마나 많은 돈이 있을까?

much much

[mʌʧ] 많은 (셀 수 없는 것일 때 **e.g.** much money, much rain)

은행에 돈이 많으면 부유해지고 조금이면 가난해져.

rich rich

[rɪʧ] 부유한

은행에 돈이 많으면 부유해지고 조금이면 가난해져.

poor poor

[pʊr] 가난한

Think & Talk

미술 준비물로 무엇을 살까요? 무엇이 싸고 비싼가요?

8,000원

1,500원

2,500원

2,000원

3,000원

5,000원

Review

A 사진을 보고, 단어를 올바로 쓰세요.

1.

nmoey

▶ _____

2.

rpcie

▶ _____

3.

crih

▶ _____

4.

uby

▶ _____

5.

ogld

▶ _____

6.

cahep

▶ _____

B 질문에 알맞은 답을 영어로 쓰세요.

1. 물건을 사고 팔 때 필요한 것은? _____

2. 돈을 맡기는 곳은? _____

3. cheap의 반대말은? _____

4. rich의 반대말은? _____

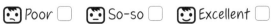

😞 Poor ☐   😐 So-so ☐   😊 Excellent ☐

24.mp3

단어의 뜻을 연상해 보세요.

화가가 될 거야. 그림 그릴 때가 제일 신나.

artist
[áːrtɪst]

난 호기심이 많아. 과학자가 되어 궁금증을 해결할 거야.

scientist
[sáɪəntɪst]

치과의사는 썩은 이를 단번에 뽑아.

dentist
[déntɪst]

무대 위에서 빛나는 여배우가 되고 싶어.

actress
[ǽktrəs]

어떤 직업으로 내 꿈을 펼치고 돈도 벌 수 있을까?

job
[dʒɑːb]

환자의 치료를 돕는 간호사는 멋져.

nurse
[nɜːrs]

노래로 마음을 위로하는 음악가가 되고 싶어.

musician
[mjuzíʃn]

몸이 아픈 사람들을 고쳐주는 의사가 되고 싶어.

doctor
[dáːktər]

경찰이 되어 위험에 빠진 사람들을 도와야지.

police
[pəlíːs]

내가 대통령이 되면 누구나 살기 좋은 나라를 만들 거야.

president
[prézɪdənt]

Hint!
대통령 의사 화가 직업 치과의사 여배우 음악가 간호사 경찰 과학자

✏️ 다음을 듣고, 크게 따라 읽으며 써 보세요.

어떤 직업으로 내 꿈을 펼치고 돈도 벌 수 있을까?

☐ **job** job

[dʒɑːb] 직업

난 호기심이 많아. 과학자가 되어 궁금증을 해결할 거야.

☐ **scientist** scientist

[sáɪəntɪst] 과학자

화가가 될 거야. 그림 그릴 때가 제일 신나.

☐ **artist** artist

[áːrtɪst] 화가, 예술가

치과의사는 썩은 이를 단번에 뽑아.

☐ **dentist** dentist

[déntɪst] 치과의사

몸이 아픈 사람들을 고쳐주는 의사가 되고 싶어.

☐ **doctor** doctor

[dáːktər] 의사

경찰이 되어 위험에 빠진 사람들을 도와야지.

☐ **police** police

[pəlíːs] 경찰

노래로 마음을 위로하는 음악가가 되고 싶어.

☐ **musician** musician

[mjuzíʃn] 음악가

내가 대통령이 되면 누구나 살기 좋은 나라를 만들 거야.

☐ **president** president

[prézɪdənt] 대통령

환자의 치료를 돕는 간호사는 멋져.

☐ **nurse** nurse

[nɜːrs] 간호사

무대 위에서 빛나는 여배우가 되고 싶어.

☐ **actress** actress

[æktrəs] 여배우 (남자배우 actor)

Think & Talk

나와 내 친구의 장래 희망을 알아볼까요?

• My Future Job

• _____'s Future Job

• _____'s Future Job

Review

A 사진에 알맞은 단어를 연결하세요.

1. 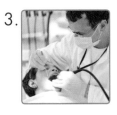   2.   3.   4.   5.

●   ●   ●   ●   ●

●   ●   ●   ●   ●

police   president   nurse   dentist   artist

B 빈칸에 알맞은 영단어를 쓰세요.

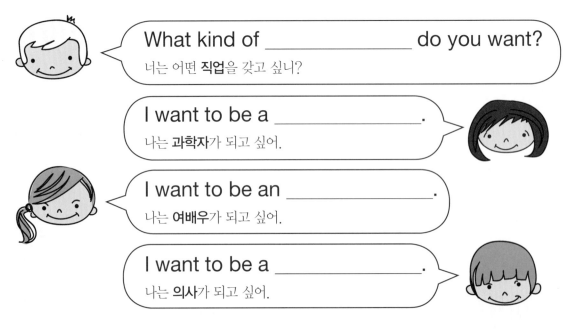

What kind of _____ do you want?
너는 어떤 **직업**을 갖고 싶니?

I want to be a _____.
나는 **과학자**가 되고 싶어.

I want to be an _____.
나는 **여배우**가 되고 싶어.

I want to be a _____.
나는 **의사**가 되고 싶어.

😞 Poor ☐   😐 So-so ☐   😊 Excellent ☐

25.mp3

단어의 뜻을 연상해 보세요.

My Town Map

우리 동네 지도
town
[taʊn]

도로에는 차가 다녀.
road
[roʊd]

출퇴근 시간에는
교통량이 많아.
traffic
[trǽfɪk]

도시에는 뾰족한
빌딩들이 있어.
city
[sítɪ]

거리에는 사람들이 다녀.
street
[striːt]

호수를 다리로
건널 수 있어.
bridge
[brɪʤ]

공원에는 푸르른
잔디와 나무가 있어.
park
[pɑːrk]

가게에서 먹고 싶은
것을 살 수 있어.
store
[stɔːr]

영화를 보고 싶을 땐
극장에 가.
theater
[θíːətər]

집까지 지하철을
타고 가.
subway
[sʌ́bweɪ]

Hint!
지하철 도로 거리 가게 도시 교통량 다리 극장 공원 동네

✏️ 다음을 듣고, 크게 따라 읽으며 써 보세요.

우리 동네 지도

☐ **town** town

[taʊn] 동네, 마을

도로에는 차가 다녀.

☐ **road** road

[roʊd] 도로

거리에는 사람들이 다녀.

☐ **street** street

[striːt] 거리

출퇴근 시간에는 교통량이 많아.

☐ **traffic** traffic

[trǽfik] 교통량

도시에는 뽀족한 빌딩들이 있어.

☐ **city** city

[síti] 도시

공원에는 푸르른 잔디와 나무가 있어.

☐ **park** park

[pɑːrk] 공원

☐ 호수를 다리로 건널 수 있어.
bridge bridge
[brɪdʒ] 다리

☐ 가게에서 먹고 싶은 것을 살 수 있어.
store store
[stɔːr] 가게

☐ 영화를 보고 싶을 땐 극장에 가.
theater theater
[θíːətər] 극장

☐ 집까지 지하철을 타고 가.
subway subway
[sʌ́bweɪ] 지하철

Think & Talk

학교에서 우리 집까지 지도를 그려 볼까요?

A 알파벳을 연결하고 단어를 써 보세요.

1. ci • • rk ▶ _____

2. pa • • ffic ▶ _____

3. tra • • ty ▶ _____

4. bri • • way ▶ _____

5. sub • • dge ▶ _____

B 우리말에 알맞은 영단어를 쓰세요.

여기 우리 **동네** 지도가 있어.
↳ _____

차를 타고 **도로**를 10분 정도 달려.
↳ _____

거리를 따라 걷다 보면 가게들이 있어.
↳ _____

가게에서 먹고 싶은 것을 살 수 있어.
↳ _____

영화를 보고 싶을 땐 **극장**에 가.
↳ _____

 Poor ☐　😐 So-so ☐　😀 Excellent ☐

Word Ladder A

앞 단어의 마지막 철자나 소리로 시작하는 단어를 쓰세요.

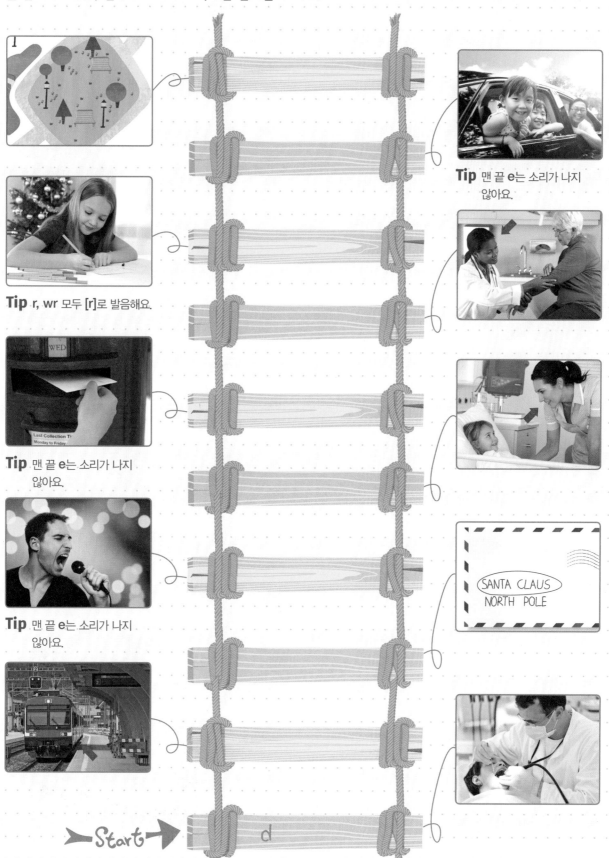

Tip 맨 끝 e는 소리가 나지 않아요.

Tip r, wr 모두 [r]로 발음해요.

Tip 맨 끝 e는 소리가 나지 않아요.

Tip 맨 끝 e는 소리가 나지 않아요.

SANTA CLAUS
NORTH POLE

Start ➤   d

Word Ladder B

앞 단어의 마지막 철자나 소리로 시작하는 단어를 쓰세요.

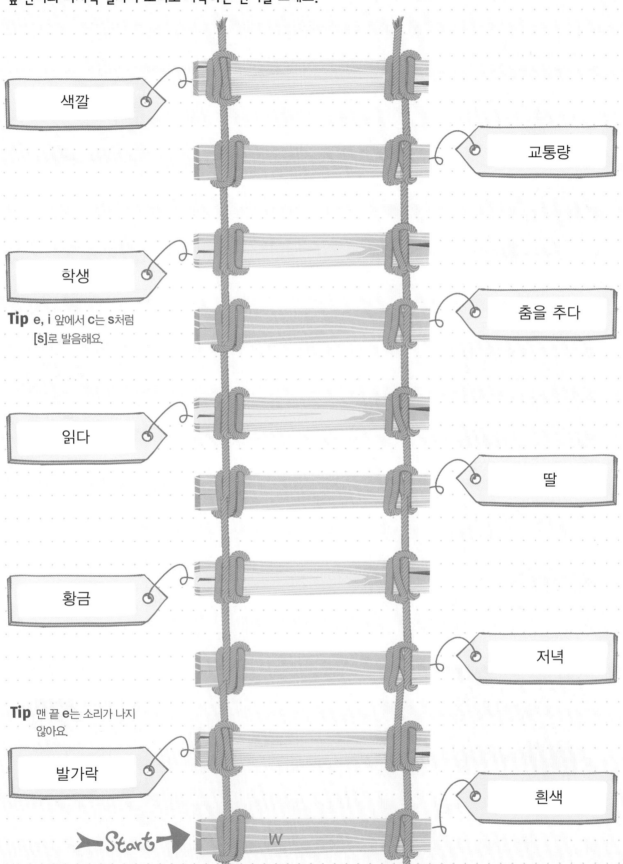

색깔

교통량

학생

Tip e, i 앞에서 c는 s처럼 [s]로 발음해요

춤을 추다

읽다

딸

황금

저녁

Tip 맨 끝 e는 소리가 나지 않아요

발가락

흰색

→Start→   W

118

단어의 뜻을 연상해 보세요.

집 밖을 나가보자.

outside
[áutsàid]

교회에는 예배를 드리러 가.

church
[tʃɜːrtʃ]

아플 때는 병원에 가서 치료를 받아야 해.

hospital
[háːspitl]

일을 하고 돈을 버는 곳이 회사야.

company
[kʌ́mpəni]

도서관에서 재미있는 책을 빌려볼 수 있어.

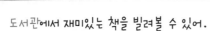

library
[láibreri]

박물관에는 많은 것이 전시돼 있어.

museum
[mjuzíːəm]

동물원에서 귀여운 동물들을 만날 수 있어.

zoo
[zuː]

우리가족은 가끔 식당에서 밥을 사먹어.

restaurant
[réstraːnt]

시장에는 여러 가지 것들을 사고팔아.

market
[máːrkit]

역은 항상 오고 가는 사람들로 붐벼.

station
[stéiʃn]

Hint!
박물관 도서관 식당 교회 병원 시장 밖 역 동물원 회사

Outside 밖으로

✏️ 다음을 듣고, 크게 따라 읽으며 써 보세요.

집 밖을 나가보자.
☐ **outside** outside
[áutsàid] 밖, 바깥쪽, 외부

교회에는 예배를 드리러 가.
☐ **church** church
[ʧɜːrʧ] 교회

일을 하고 돈을 버는 곳이 회사야.
☐ **company** company
[kʌ́mpəni] 회사

아플 때는 병원에 가서 치료를 받아야 해.
☐ **hospital** hospital
[háːspitl] 병원 (의원 clinic)

도서관에서 재미있는 책을 빌려볼 수 있어.
☐ **library** library
[láibreri] 도서관

박물관에는 많은 것이 전시돼 있어.
☐ **museum** museum
[mjuzíːəm] 박물관

120

우리가족은 가끔 식당에서 밥을 사먹어.

☐ **restaurant** restaurant

[réstrɑːnt] 식당

동물원에서 귀여운 동물들을 만날 수 있어.

☐ **zoo** zoo

[zuː] 동물원

역은 항상 오고 가는 사람들로 붐벼.

☐ **station** station

[stéɪʃn] 역 (**e.g.** bus station, train station)

시장에는 여러 가지 것들을 사고팔아.

☐ **market** market

[máːrkɪt] 시장

Think & Talk

가장 좋아하는 장소를 그려 볼까요?

Poor ☐ So-so ☐ Excellent ☐

A 알파벳을 연결하고 단어를 써 보세요.

1. chu ●   ● pany ▶ _____

2. com ●   ● rant ▶ _____

3. mus ●   ● rch ▶ _____

4. restau ●   ● eum ▶ _____

5. mar ●   ● ket ▶ _____

B 질문에 알맞은 답을 영어로 쓰세요.

1. 귀여운 동물들을 한번에 볼 수 있는 곳은?   _____

2. 아플 때 가야 하는 곳은?   _____

3. 책을 빌려 주는 곳은?   _____

4. 기차를 타고 내리는 사람들로 붐비는 곳은?   _____

단어의 뜻을 연상해 보세요.

땅에서 식물이 자라.

land
[lænd]

땅 위에 나무들이 우거져 숲이 돼.

forest
[fɔ́:rɪst]

산은 언덕보다 훨씬 높고 오르기 힘들어.

mountain
[máʊntn]

언덕은 땅보다 비탈져서 온 동네가 다 보여.

hill
[hɪl]

하늘에서 땅으로 비가 내려.

sky
[skaɪ]

비가 땅 한가운데 모여 호수가 됐어.

lake
[leɪk]

물은 강을 따라 흐르고 흘러 바다로 가.

sea
[si:]

강은 빗물이 흐르는 길이야.

river
[rívər]

파도가 모래나 자갈을 쌓아 해변을 만들어.

beach
[bi:ʧ]

우리는 넓은 세상에 살아.

wide
[waɪd]

Hint!

언덕	호수	땅	산	강
바다	하늘	넓은	해변	숲

Land 땅

✏️ 다음을 듣고, 크게 따라 읽으며 써 보세요.

땅에서 식물이 자라.

☐ **land** land

[lænd] 땅

땅 위에 나무들이 우거져 숲이 돼.

☐ **forest** forest

[fɔ́:rɪst] 숲 (woods)

언덕은 땅보다 비탈져서 온 동네가 다 보여.

☐ **hill** hill

[hɪl] 언덕

산은 언덕보다 훨씬 높고 오르기 힘들어.

☐ **mountain** mountain

[máʊntn] 산

하늘에서 땅으로 비가 내려.

☐ **sky** sky

[skaɪ] 하늘

비가 땅 한가운데 모여 호수가 됐어.

☐ **lake** lake

[leɪk] 호수

124

강은 빗물이 흐르는 길이야.

☐ **river** river

[rívər] 강

물은 강을 따라 흐르고 흘러 바다로 가.

☐ **sea** sea

[si:] 바다

파도가 모래나 자갈을 쌓아 해변을 만들어.

☐ **beach** beach

[bi:ʧ] 해변

우리는 넓은 세상에 살아.

☐ **wide** wide

[waɪd] 넓은

Think & Talk

각각에 맞는 교통수단은 무엇일까요?

land   sky   sea

 # Review

1.

troesf

▶ _____

2.

tainmoun

▶ _____

3.

klea

▶ _____

4.

erriv

▶ _____

5.

esa

▶ _____

6.

alnd

▶ _____

B 우리말에 알맞은 영단어를 찾아보세요.

1. 땅

2. 넓은

3. 언덕

4. 하늘

5. 해변

w	i	d	e	v	p	a
d	h	t	q	l	b	a
p	h	b	e	a	c	h
j	s	p	l	n	y	i
h	k	r	o	d	a	q
e	y	j	s	v	b	z
d	x	h	i	l	l	f

 😞 Poor ☐ 😐 So-so ☐ 😊 Excellent ☐

Unit 28 Garden 정원

단어의 뜻을 연상해 보세요.

우리 집 정원은 언제나 꽃이 가득해.

garden
[gá:rdn]

씨앗이 무럭무럭 잘 자라.

grow
[grou]

물을 잘 주어야 잎이 풍성해져.

leaf
[li:f]

봄이 되면 파릇파릇한 잔디가 올라와.

grass
[græs]

드디어 예쁜 꽃이 폈어!

flower
[fláʋər]

언젠가는 커다란 나무가 될 거야.

tree
[tri:]

딱딱한 돌에서도 식물이 자라.

rock
[rɑk]

plant
[plænt]

수확하는 것은 힘들지만 보람 있어.

hard
[hɑ:rd]

땅에서 감자를 수확해.

potato
[pətéɪtou]

Hint!

식물	돌	꽃	감자	잔디
자라다	힘든	정원	나무	잎

✎ 다음을 듣고, 크게 따라 읽으며 써 보세요.

우리 집 정원은 언제나 꽃이 가득해.

garden garden
[gá:rdn] 정원

씨앗이 무럭무럭 잘 자라.

grow grow
[grou] 자라다

봄이 되면 파릇파릇한 잔디가 올라와.

grass grass
[græs] 잔디

물을 잘 주어야 잎이 풍성해져.

leaf leaf
[li:f] 잎 (잎들 leaves)

드디어 예쁜 꽃이 폈어!

flower flower
[fláuər] 꽃

언젠가는 커다란 나무가 될 거야.

tree tree
[tri:] 나무 (wood)

딱딱한 돌에서도 식물이 자라.

☐ **rock** rock

[rɑk] 돌 (stone)

딱딱한 돌에서도 식물이 자라.

☐ **plant** plant

[plænt] 식물

땅에서 감자를 수확해.

☐ **potato** potato

[pətéɪtoʊ] 감자

수확하는 것은 힘들지만 보람 있어.

☐ **hard** hard

[hɑːrd] 힘든

Think & Talk

어떻게 해야 싹이 잘 자랄까요?

A 사진에 알맞은 단어를 연결하세요.

1.
2.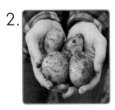
3.
4.
5.

grow   flower   tree   potato   grass

B 우리말에 알맞은 영단어를 쓰세요.

우리 집 **정원**은 언제나 꽃이 가득해.
↳ _____

돌로 길을 만들었어.
↳ _____

그 위에도 **식물**이 잘 자라.
↳ _____

가을이 되면 **잎**이 떨어져.
↳ _____

낙엽을 치우는 것은 **힘들어**.
↳ _____

 Poor ☐   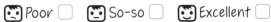 So-so ☐   😊 Excellent ☐

Clothes 옷

단어의 뜻을 연상해 보세요.

옷은 추위나 더위로부터 나를 보호해.

clothes
[klouz]

오늘은 무엇을 입을까?

wear
[wɛər]

멋쟁이 챙 모자

cap
[kæp]

신사 같이 모자 쓰기

hat
[hæt]

옷이 크지 않아도
벨트는 멋

belt
[belt]

바지는 편한 게 최고

pants
[pænts]

나만의 개성을 살려주는 치마

skirt
[skɜːrt]

양말은 패션의 기본

socks
[sɑːks]

짧은 치마에 어울리는
긴 부츠

boots
[buːts]

발이 편한 신발 신기

shoes
[ʃuːz]

Hint! 바지 치마 모자 신발 옷 양말 부츠 모자 벨트 입다

131

29.mp3

✏️ 다음을 듣고, 크게 따라 읽으며 써 보세요.

옷은 추위나 더위로부터 나를 보호해.

☐ **clothes** clothes

[kloʊz] 옷

오늘은 무엇을 입을까?

☐ **wear** wear

[wɛər] 입다, 쓰다, 신다, 걸치다, 차다

멋쟁이 챙 모자

☐ **cap** cap

[kæp] 모자

옷이 크지 않아도 벨트는 멋

☐ **belt** belt

[belt] 벨트

나만의 개성을 살려주는 치마

☐ **skirt** skirt

[skɜːrt] 치마

짧은 치마에 어울리는 긴 부츠

☐ **boots** boots

[buːts] 부츠, 장화 (한 켤레)

신사같이 모자 쓰기

☐ hat hat

[hæt] 모자 (테두리가 있는 것)

바지는 편한 게 최고

☐ pants pants

[pænts] 바지

양말은 패션의 기본

☐ socks socks

[sɑ:ks] 양말 (한 켤레)

발이 편한 신발 신기

☐ shoes shoes

[ʃu:z] 신발 (한 켤레)

Think & Talk

날씨에 따라 어떤 옷을 입나요?

Rainy Day   Cold Day

Review

A 알파벳을 연결하고 단어를 써 보세요.

1.  be   ts ▶ _____

2. pan   lt ▶ _____

3. h   at ▶ _____

4. so   rt ▶ _____

5. ski   cks ▶ _____

B 빈칸에 알맞은 영단어를 쓰세요.

I wear _____ every day.
나는 매일 **옷**을 입어.

I wear a _____.
나는 **모자**를 써.

I wear _____.
나는 **부츠**를 신어.

I wear _____.
나는 **신발**을 신어.

😞 Poor ☐ 😐 So-so ☐ 😊 Excellent ☐

134

30.mp3

단어의 뜻을 연상해 보세요.

생일은 내가 태어난 날이야.

birthday

[bə́:rθdèi]

생일이 지나면 나이를 한 살씩 먹어.

age

[eɪdʒ]

내 생일 파티에 친구들을 초대했어.

invite

[ɪnváɪt]

생일에는 모여서 축하해.

congratulate

[kəngrǽtʃuleɪt]

친구들이 나를 놀라게 했어.

surprise

[sərpráɪz]

맛있는 것도 먹고 재미있는 놀이도 했어.

fun

[fʌn]

친구들에게 선물도 많이 받았어.

present

[préznt]

엄마는 용돈을 주셨어.

give

[gɪv]

가장 놀라운 선물은 고양이였어.

surprising

[sərpráɪzɪŋ]

생일은 최고로 멋진 날이야.

wonderful

[wʌ́ndərfl]

Hint!
초대하다 생일 놀라운 나이 선물 주다 멋진 축하하다 재미있는 놀라게 하다

✎ 다음을 듣고, 크게 따라 읽으며 써 보세요.

생일은 내가 태어난 날이야.

☐ **birthday** birthday

[bə́ːrθdèi] 생일

생일이 지나면 나이를 한 살씩 먹어.

☐ **age** age

[eidʒ] 나이

생일에는 모여서 축하해.

☐ **congratulate** congratulate

[kəngrǽtʃuleit] 축하하다

내 생일 파티에 친구들을 초대했어.

☐ **invite** invite

[inváit] 초대하다

친구들이 나를 놀라게 했어.

☐ **surprise** surprise

[sərpráiz] 놀라게 하다

맛있는 것도 먹고 재미있는 놀이도 했어.

☐ **fun** fun

[fʌn] 재미있는

확실히 이해한 단어에 ☑ 표시하세요.

엄마는 용돈을 주셨어.

☐ give ~~give~~

[gɪv] 주다

친구들에게 선물도 많이 받았어.

☐ present ~~present~~

[préznt] 선물 (gift)

가장 놀라운 선물은 고양이였어.

☐ surprising ~~surprising~~

[sərpráɪzɪŋ] 놀라운

생일은 최고로 멋진 날이야.

☐ wonderful ~~wonderful~~

[wʌ́ndərfl] 멋진

Think & Talk

친구 누구에게 초대장을 보낼까요?

FROM: TO:

INVITATION TO MY BIRTHDAY PARTY

WHERE:
장소

WHEN:
언제

Review

A 사진을 보고, 단어를 올바로 쓰세요.

1.

ibrthady

▶ _____

2.

niivte

▶ _____

3.

cnogruatltae

▶ _____

4.

rsupries

▶ _____

5.

igve

▶ _____

6.

rpeesnt

▶ _____

B 우리말에 알맞은 영단어를 쓰세요.

나이를 한 살 더 먹었어.

↳ _____

재미있는 생일 파티를 열어야지.

↳ _____

놀라운 생일 선물도 있겠지?

↳ _____

멋진 생일 파티가 될 거야.

↳ _____

 Poor ☐   So-so ☐   Excellent ☐

✏️ Word Ladder A

앞 단어의 마지막 철자나 소리로 시작하는 단어를 쓰세요.

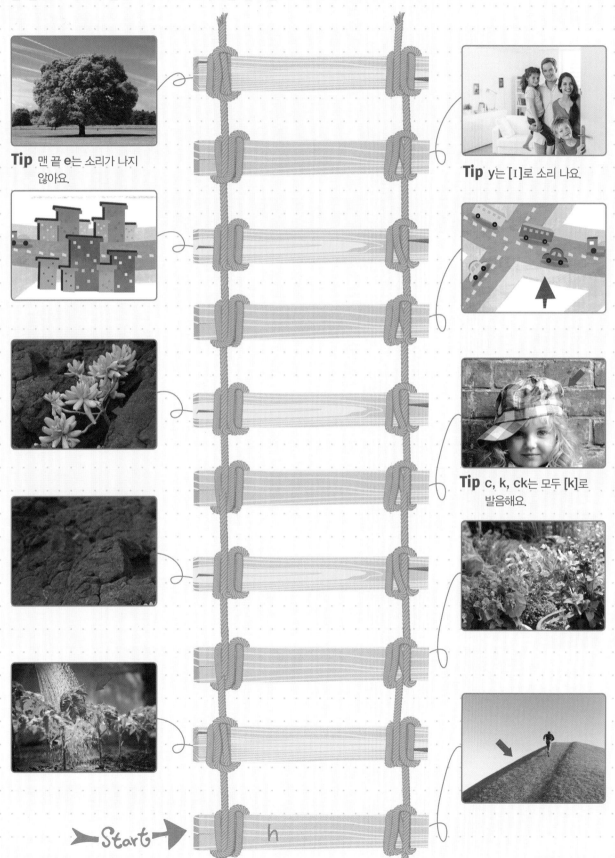

Tip 맨 끝 e는 소리가 나지 않아요.

Tip y는 [ɪ]로 소리 나요.

Tip c, k, ck는 모두 [k]로 발음해요.

Start →

h

Word Ladder B

앞 단어의 마지막 철자나 소리로 시작하는 단어를 쓰세요.

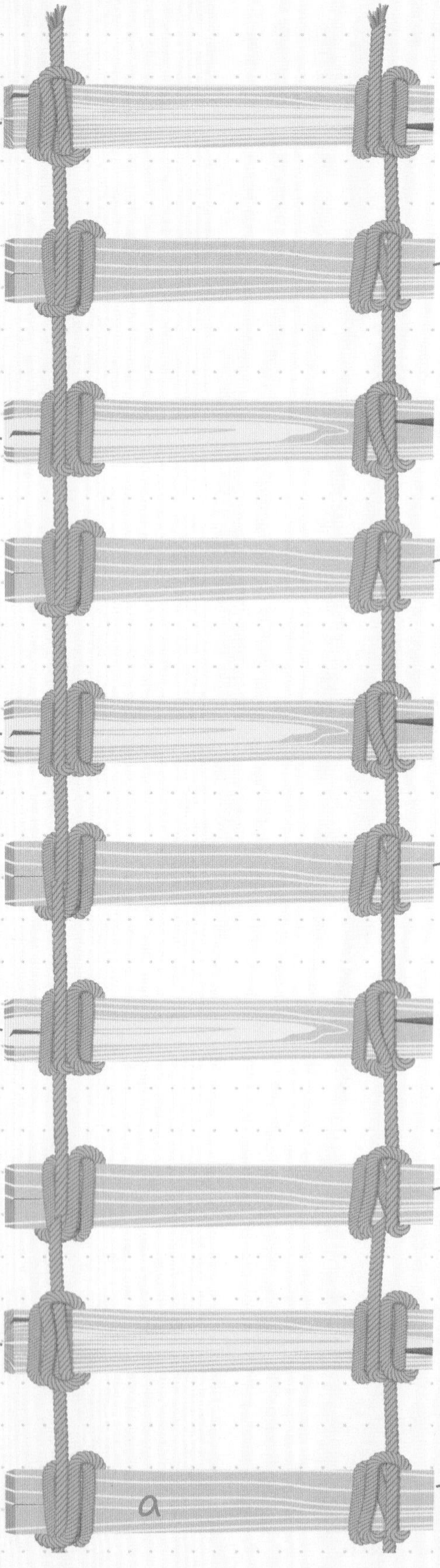

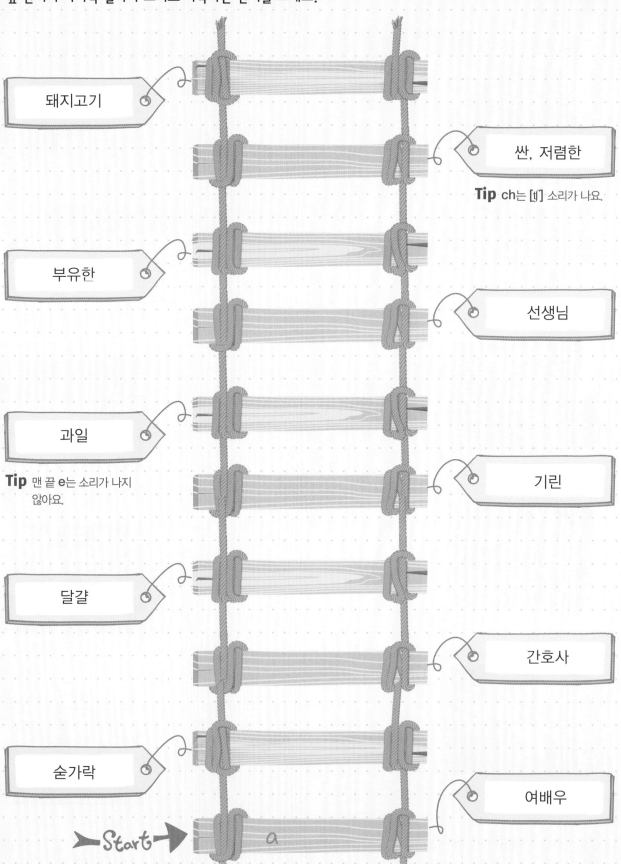

돼지고기

싼, 저렴한

Tip ch는 [ʧ] 소리가 나요.

부유한

선생님

과일

Tip 맨 끝 e는 소리가 나지 않아요.

기린

달걀

간호사

숟가락

여배우

Start